FACULTÉ DE DROIT DE TOULOUSE.

DROIT ROMAIN :

DU PÉCULE DE L'ESCLAVE.

DROIT FRANÇAIS :

DU LOUAGE DE SERVICES.

THÈSE POUR LE DOCTORAT

SOUTENUE

PAR LACHIÈZE (ALBERT)

Avocat

Né à Martel (Lot).

TOULOUSE
IMPRIMERIE DE BONNAL ET GIBRAC,
RUE SAINT-ROME, 44.

1866.

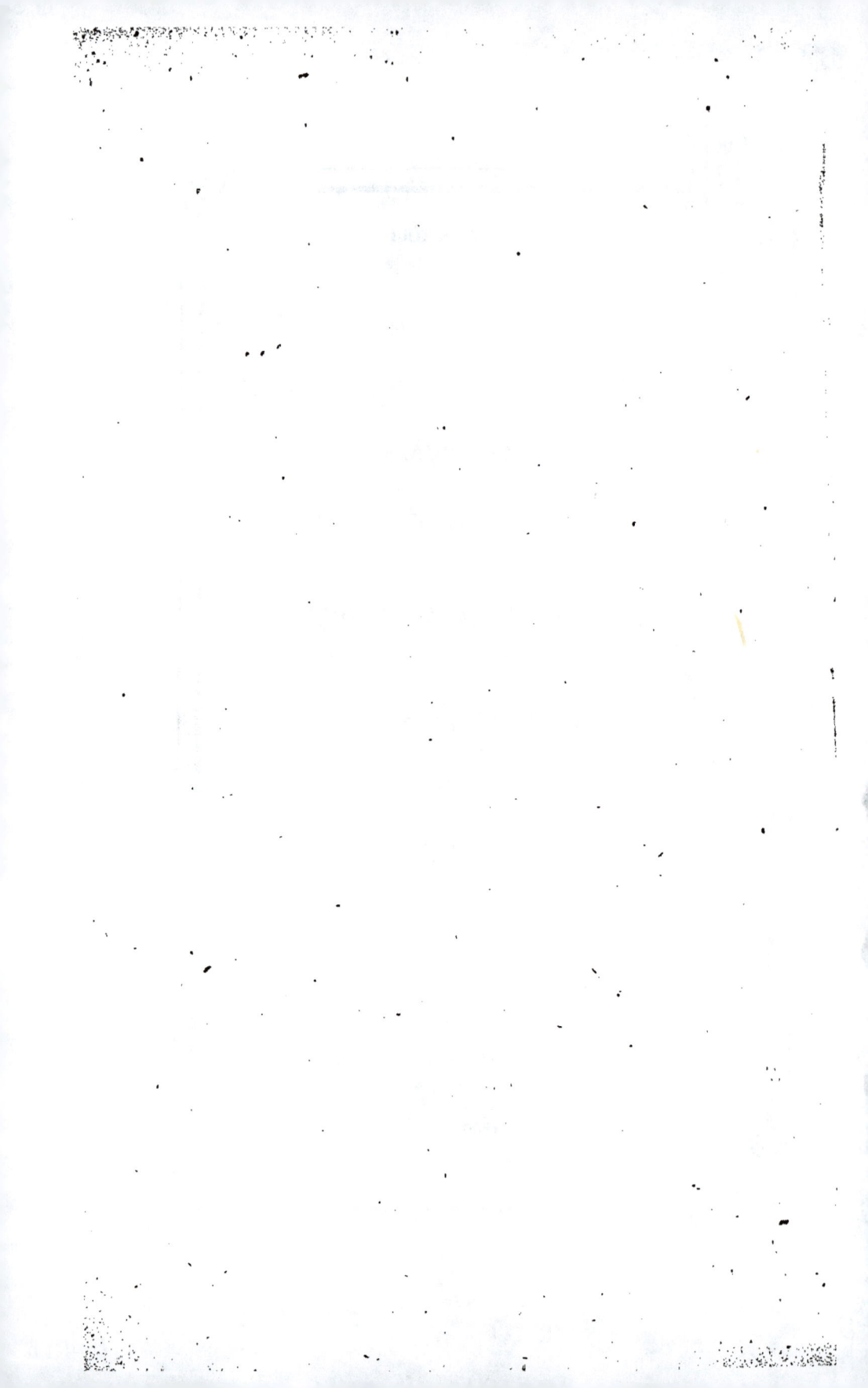

FACULTÉ DE DROIT DE TOULOUSE.

DROIT ROMAIN :

DU PÉCULE DE L'ESCLAVE.

DROIT FRANÇAIS :

DU LOUAGE DE SERVICES.

THÈSE POUR LE DOCTORAT

SOUTENUE

PAR LACHIÈZE (ALBERT)

Avocat

Né à Martel (Lot).

TOULOUSE

IMPRIMERIE DE BONNAL ET GIBRAC,

RUE SAINT-ROME, 44.

. 1866.

Ⓒ

FACULTÉ DE DROIT DE TOULOUSE.

MM. CHAUVEAU ADOLPHE ✻, doyen, *professeur de Droit Administratif.*

DELPECH ✻, doyen honoraire, *professeur de Code Napoléon, en congé.*

RODIÈRE ✻, *professeur de Procédure Civile.*

DUFOUR ✻, *professeur de Droit Commercial.*

MOLINIER ✻, *professeur de Droit Criminel.*

BRESSOLLES, *professeur de Code Napoléon.*

MASSOL ✻, *professeur de Droit Romain.*

GINOULHIAC, *professeur de Droit Français*, étudié dans ses origines féodales et coutumières.

HUC, *professeur de Code Napoléon.*

HUMBERT, *professeur de Droit Romain.*

ROZY, agrégé, *chargé du cours d'Économie politique.*

POUBELLE, agrégé, *chargé d'un cours de Code Napoléon.*

BONFILS, agrégé.

M. DARRENOUGUÉ, Officier de l'Instruction publique, Secrétaire Agent-comptable.

Président de la thèse : M. DUFOUR.
               M. HUC.   } *Professeurs.*
Suffragants : M. CHAUVEAU.

           MM. POUBELLE,} *Agrégés.*
               BONFILS,}

A mon Père. — A ma Mère.

INTRODUCTION.

Le but de tout travail, c'est de produire des services. Dans une société bien organisée où tout le monde travaille et travaille librement, il se manifeste un échange considérable de services qui répandent partout le bien-être et la prospérité.

Ce sont ces services réciproques que nous avons voulu étudier, en traçant leur histoire juridique.

Nous avons voulu les prendre à leur origine, c'est-à-dire à une époque où ils n'étaient que le résultat d'une obéissance passive, et se nommaient *services de l'esclave*. Leur rémunération, c'était le *pécule*, quelquefois, l'affranchissement.

Nous les avons suivis dans leur modification, et nous avons été amenés à parler du *servage*, des *corporations*.

Enfin, nous sommes arrivés à l'étude du droit moderne, et nous avons dû tracer les règles qui régissent le *louage de services des domestiques* et des *ouvriers.*

Certes, loin de nous la pensée d'établir une assimilation entre les services du monde antique et les services du monde moderne. Je connais trop bien les transformations successives et salutaires qui se sont produites. Je n'ignore pas qu'aujour-d'hui le travail s'est heureusement affranchi des entraves de la servitude et dégagé des liens étroits du monopole, qu'il est libre, en un mot, par consé-quent qu'il a ses droits et ses devoirs.

Mais, si l'assimilation entre eux n'est pas possible, ils ont cependant cela de commun que tous deux découlent de la même source, le *travail*; seule-ment d'une source, que le temps et les événements sont venus purifier.

C'est à ce titre que nous avons cru devoir les réunir dans notre étude.

C'est toujours en nous attachant à cette idée de l'échange des services dans la société, que nous avons étendu les développements de notre sujet aux voituriers. Ceux-ci sont bien réellement des loca-teurs de services, bien différents, sans doute, des domestiques et des ouvriers, mais ils ne font pas moins partie de la même grande famille.

Enfin, il nous a semblé qu'il était nécessaire, après avoir étudié la législation sur les voituriers, de consacrer un Appendice à une industrie qui, chaque jour, prend des développements considérables, mais qui, sous une forme plus large, plus étendue, sans doute, n'est autre chose au fond que l'extension de celle des voituriers. Nous voulons parler des chemins de fer, cette grande découverte qui doit marquer le xixᵉ siècle de l'empreinte de l'originalité et du génie.

L'essor donné aujourd'hui à ce nouveau mode de transport, mérite bien d'attirer l'attention, non pas seulement au point de vue industriel, mais au point de vue juridique.

Il y a là une situation exceptionnelle.

Un monopole, en effet, s'est créé le jour où les Compagnies ont été mises à la tête de l'exploitation des voies de fer. Toute concurrence a dû, dès lors, disparaître devant les capitaux considérables dont elles disposaient, devant les avantages qu'elles offraient aux voyageurs et aux expéditeurs.

Aussi, le législateur, nous le verrons, s'est-il occupé de cet état de choses. Il a soumis les Compagnies au contrôle de l'Etat, qui doit limiter leurs empiétements excessifs et sauvegarder les intérêts menacés.

PROLÉGOMÈNES.

APERÇU GÉNÉRAL SUR LA CONDITION DES ESCLAVES

SECTION Ire.

L'ESCLAVE DANS LA VIE DOMESTIQUE.

1. Les mœurs des premiers Romains furent un obstacle à l'extension trop rapide de l'esclavage. La guerre et l'agriculture occupaient la vie de ce peuple à son origine, et ni dans l'une, ni dans l'autre de ces situations, le besoin de la servitude ne se faisait guère sentir. A cette époque, en effet, le citoyen seul devait défendre son territoire, ses dieux, ses libertés, c'est-à-dire, ce qui constituait sa patrie ; des mains d'esclaves en eussent été indignes et incapables. A cette époque chacun cultivait son modeste héritage de 2 ou 7 arpents sans faire appel à des troupeaux d'esclaves. Quelques uns suffisaient à l'entretien du patrimoine, un trop grand nombre en eût infailliblement provoqué la ruine. Aussi n'avait-on pas encore inventé ces noms de fantaisie qu'ils devaient plus tard recevoir avec le stigmate de leur servitude, et l'on

disait simplement *Quentipor, Marcipor*, pour désigner l'esclave de Quintus et de Marcus.

2. Le service intérieur de la maison n'était même pas entièrement livré aux esclaves, la femme, la matrone filait sa laine, pétrissait son pain, *panem faciebant quirites mulierumque id opus erat olim.* Rome ignorait encore la civilisation, elle ignorait ce luxe ridicule et honteux que Pétrone un jour personnifia dans l'affranchi Trimalchion et flagella si vigoureusement (1). Elle ne connaissait pas encore les *atrienses* (gardiens de l'atrium), les *atriarii* (huissiers), les *admissionnales*, (ceux qui soulevaient devant les visiteurs le voile des portes) les *velarii*, les *cubicularii*, les *diætarii*, les *cellarii*, les *penarii*, les *archimagiri*, les *Coci* etc., etc.; autant d'esclaves voués aux capricieuses volontés d'un maître opulent.

3. L'esclavage, reconnaissons-le, se développa à mesure que Rome devint plus avide de corruption et de plaisirs, car l'esclave en était l'instrument principal. Aussi, vit-on insensiblement s'établir partout de ces marchés fameux dont Délos devint le centre. Là, le marchand conduisait ses esclaves, les pieds enduits de blanc, ce qui était un signe de la servitude, les étalait sur un échafaudage à la vue de tout le monde ou les retenait dans une cage, toujours dans l'espoir d'attirer des chalands. Puis, après la réclame d'usage, l'esclave était vendu la tête couverte d'un bonnet, *pileati servi*, lorsque le marchand ne le garantissait pas, *sub corona*, s'il était prisonnier de guerre (2).

---

(1) Titi Petronii Arbitri, equitis romani, *Satyricon*.
(2) Aulu-Gelle, *Nuits attiques*, liv. VII, chap. 4.

4. En présence de l'extension chaque jour croissante de ce genre de commerce, le fisc ne put rester indifférent ; aussi l'empereur Auguste se hâta-t-il d'établir un impôt sur la vente des esclaves du cinquantième selon Dion, du vingt-cinquième selon Tacite (1).

5. Le droit d'importation et d'exportation sur les esclaves servait aussi de base à un impôt *portarium*. Les publicains l'affermaient, on devait leur faire déclaration de tous les esclaves qu'on amenait, et payer pour ceux à vendre, pour ceux de luxe, pour ceux d'usage qui étaient novices encore, c'est-à-dire depuis moins d'un an au service (2).

6. Ces impôts n'en diminuèrent pas le nombre à Rome ; il alla chaque jour en grossissant à mesure que s'étendaient les besoins de la société. Le maître avait ses esclaves bouffons, médecins, moralistes, poëtes, peintres, architectes, acteurs. Lorsqu'il sortait de sa demeure pour aller à la promenade, il leur faisait précéder sa litière et par leur nombre ils attestaient sa fortune, et augmentaient sa considération.

7. S'il lui prenait fantaisie de venir au *forum* briguer les honneurs populaires, on voyait marcher devant lui les *nomenclatores*, les *factores*, c'est-à-dire des esclaves qui lui désignaient chaque électeur par son nom et d'un geste lui indiquaient le prix coûtant de chaque vote.

8. Et, la veille de l'élection, quand il fallait provoquer par ses largesses l'enthousiasme du peuple, c'était encore l'esclave qui, par ordre de son maître, descendait dans

---

(1) Dion LV, 51, p. 804, L. 62. — Tacite, *Annales* XIII, 51.
(2) L. 16, § 4, 7, 9, *de publican*, D.

l'arène, et au besoin versait son sang pour lui con-
quérir les suffrages.

9. La femme ne resta pas en arrière de ce luxe ;
elle eut ses esclaves *dotales*, ses esclaves réservés *receptitii*,
les uns et les autres lui étaient entièrement dévoués, car,
d'ordinaire, compagnons d'enfance de leur maîtresse, ils
jouissaient auprès d'elle d'une confiance absolue, le plus
souvent au détriment du mari. Mère de famille, la femme
livrait son enfant aux *nutrices* (nourrices), aux *cunarii*
(berceurs), aux *bajuli, geruli* (porteurs), aux *nutritores*
(nourriciers), etc., etc.

10. Mais ce n'est pas tout, l'esclave n'était pas seulement à Rome une machine d'utilité et de plaisirs, une
res ; il était encore une personne, *persona* ; il pouvait
jouer un rôle juridique et rendre ainsi à son maître des
services plus importants. Lorsque, par exemple, le maître
voudra se livrer aux opérations mercantiles sans déroger
à sa dignité d'homme libre, c'est un esclave *institor* qu'il
placera dans ses magasins ou un *magister navis* à qui il
confiera son navire.

11. C'est encore au nom de l'esclave devenu héritier
sien et nécessaire que se fera la vente des biens du citoyen
mort insolvable, et il payera sa liberté en assumant sur
sa tête toute la honte qui aurait pesé sur la mémoire de
son maître (1).

12. A tous les points de vue, l'esclave est donc dans
la société romaine d'une utilité incontestable, aussi cons-
titue-t-il l'élément principal de la fortune des citoyens.

(1) *Id est ut ignominia quœ accidit ex venditione bonorum
hunc potius heredem quam ipsum testatorem contingat* (Gaius,
c. II, 154).

Il se trouve placé dans la catégorie des choses les plus précieuses, parmi les *res mancipi*. Le tuer, le détruire, c'était détruire la propriété ; et, sous l'influence de cette idée que le maître est propriétaire de l'esclave, et que le propriétaire a tout intérêt à conserver sa chose, la légis‑ lation romaine en était arrivée à donner au maître droit de vie et de mort sur son esclave. Ce motif, suffisant, à l'origine, pour les protéger, cessa de l'être quand arrivèrent et l'augmentation extraordinaire des esclaves et la dépra‑ vation chez le maître de tout sentiment de morale et de de pitié. Dès lors, en effet, celui-ci usa largement de son droit (1).

L'esclave, pour les fautes les plus légères, les négli‑ gences les plus vulgaires, devait s'attendre à subir toute sorte de tortures :

> ... Adversus stimulos, laminas crucesque compedesque
> Nervos, catenas, carceres, numellas, pedicas, bojas
> Tortoresque accerrimos gnarosque nostri tergi,

s'écrie l'esclave de Plaute (2).

13. Mais on allait plus loin encore, on se jouait de leur existence, on s'amusait des souffrances de leur agonie.

Le sénateur Q. Flaminius pour plaire à un de ses favoris

---

(1) Nous sommes d'une opinion entièrement opposée à celle que M. Alfred Maury a développée dans une conférence de la Sor‑ bonne et que nous trouvons reproduite dans la *Revue des cours littéraires*, à la date du 8 avril 1865. Elle a pour titre : *La Société romaine au temps des premiers empereurs, comparée à la société française de l'ancien régime.*

(2) Plaut., *Asin.*

qui n'avait jamais vu mourir personne fit mettre à mort
un de ses esclaves (1).

Pollion, l'ami du divin Auguste, les faisait jeter en
pâture aux murènes de ses viviers (2).

Juvénal, dans sa satire contre les femmes, nous montre
la matrone romaine ordonnant, pour satisfaire un caprice,
une fantaisie de petite maîtresse, de crucifier un esclave,
pone crucem servo, s'écrie-t-elle,

> O demens ! an servus homo est ? Nil fecerit esto :
> Hoc volo, sic jubeo, sit pro ratione voluntas.

14. En présence de ce douloureux spectacle, la philosophie stoïcienne ne put rester impassible, elle fit entendre des accents d'indignation, elle rappela que l'esclave était homme *servi sunt, imò homines* (3). Elle osa
dire à ces citoyens, à ces chevaliers romains si fiers de
leur titre, de leur origine, de leurs honneurs : *quid est
eques romanus, aut libertinus, aut servus ? nomina ex
ambitione aut ex injuria nata* (4). Et ces éloquentes
paroles ne furent pas perdues, car, c'est probablement
grâce à l'influence de ces idées salutaires, que fut portée
la loi Petronia qui défendait aux maîtres de livrer leurs
esclaves aux combats de bêtes féroces.

15. Ce fut là un triomphe que la philosophie stoïcienne
obtint sur le despotisme domestique du maître, triomphe
bien modeste, sans doute, si l'on songe à ce que le

---

(1) Plutarq., *Vie de Flaminius.*
(2) Seneq., *De ira,* ch. 40; *De clement.*, I, 18.
(3) Seneq., l. 47.
(4) Seneq., l. 52.

maître conserve encore entre les mains d'arbitraire et de
rigueur pour sévir contre son esclave, mais bien éclatant,
si l'on réfléchit qu'en édictant cette loi *Petronia*, on ar-
racha la première pierre à l'édifice de la tradition, édifice que l'homme n'est que trop tenté de respecter, car
c'est souvent le seul titre qui puisse légitimer ses priviléges usurpés, ses lois injustes, ses mauvaises institu-
tions.

16. En effet, la tradition de l'esclavage était bien établie dans le monde antique ; elle n'avait pas pris naissance à Rome seulement; elle existait chez tous les peu-
ples. Les Carthaginois, les Juifs, les Grecs reconnaissaient
l'esclavage et Aristote, traitant des moyens naturels
d'acquérir, comprend au nombre de ces moyens la guerre
et voici ce qu'il en dit : « Ainsi, la guerre est en quelque
sorte un moyen d'acquérir, puisqu'elle comprend cette
chasse que l'on doit donner aux bêtes fauves ou aux hommes qui, nés pour obéir, refusent de se soumettre; c'est
une guerre que la nature a faite elle-même légitime (1). »

17. Avouons-le, cependant, les jurisconsultes romains résistèrent à cette théorie de l'esclavage naturel ;
et, subissant le fait que la société dans laquelle ils vi-
vaient leur imposait, ils n'en protestaient pas moins en
s'écriant : *Servitus autem est constitutio juris gentium
qua quis dominio alieno contra naturam subjicitur.*

18. Mais il était réservé au christianisme d'anéantir
cette fatale institution que, jusqu'à lui, n'avaient ébranlée
ni les prédictions et les jongleries de l'esclave Eunus qui,
en 138 av. J.-C., provoqua la première révolte des es-

(1) Aristote, *Polit.*, l. II, ch. 3.

claves; ni l'intrépidité, la bravoure, la tactique de Salvius
et d'Athénion qui n'aboutirent qu'à arroser de leur sang
les plaines de la Sicile (101 av. J.-C.); ni enfin les théories humanitaires des sectes Stoïciennes. Ce ne furent
là que des incidents et des palliatifs.

19. Le christianisme apportait un levier plus puissant,
celui d'une religion.

20. Je n'examinerai pas, comme on le faisait naguère
encore en Amérique (1), si le Christ a prêché une doctrine
favorable ou hostile à l'esclavage, si, par cela même que
saint Paul renvoie à son maître l'esclave fugitif Onésime,
il consacre la servitude, non; ce que je veux affirmer
c'est que la doctrine du Christ fut une doctrine de fra-
ternité universelle, c'est qu'il conviait à ses agapes
les esclaves comme les hommes libres; le paganisme
avait dit : quand un homme tombe dans l'esclavage, Jupi-
ter lui enlève la moitié de son âme, tandis que le christianisme, au contraire, lui promet le royaume des cieux,
le déclare enfant de Dieu, frère du Christ, égal dans
l'ordre de la nature et dans celui de la grâce à ses op-
presseurs.

21. Ce que je veux affirmer encore, c'est que l'esclave
sous le paganisme était descendu bien bas, il s'était avili
dans la corruption, il n'avait ni espérance, ni religion,
ni moralité; il avait même fini par se complaire dans la
servitude, car la servitude, a dit Vauvenargues, abaisse
les hommes au point de s'en faire aimer. Le Christ éleva

(1) Voir le discours de Benton, rapporté par M. Ed. Laboulaye,
dans son *Étude sur l'esclavage aux États-Unis*, et la décision
d'une communauté presbytérienne de la Caroline du Sud.

son âme, la moralisa en lui rappelant son origine, en lui montrant le but à atteindre.

22. Le maître païen, aussi corrompu que l'esclave, éclaira sa pensée aux rayons de la lumière divine ; il se convertit aux idées nouvelles, il s'habitua à ne plus considérer son esclave comme sa chose puisqu'ils avaient tous deux une âme égale, que tous deux avaient une communauté d'origine, une communauté d'espérance.

23. Ces principes d'égalité et de moralité semés dans le monde romain avec toute l'ardeur, tout l'enthousiasme de la propagande, se trouvaient chaque jour en lutte avec les lois de l'esclavage qui régissaient la société d'alors, et cette contradiction entre la foi religieuse et le fait social conduisait forcément ou au redressement du fait social ou à l'abolition de la foi religieuse (1). C'est le redressement du fait social qui se produisit.

24. Quoi qu'il en soit, nous voyons, en arrivant aux empereurs chrétiens, se manifester une préoccupation sympathique en faveur des esclaves, et surtout de ceux qui professent la religion du Christ.

25. En 343, Constantin permet à certaines personnes de racheter l'esclave chrétienne qu'on veut forcer à se prostituer : *Si quis feminas quas se dedicasse venerationi christianæ legis sanctissimæ dinoscuntur, ludibriis quibusdam subjicere voluerit, ac lupanaribus venditas faciat vile ministerium prostituti pudoris explere, nemo alter eas-*

---

(1) « Le christianisme réforma les mœurs publiques avant d'épurer les mœurs privées ; il corrigea les lois, posa les dogmes de la morale universelle, avant d'agir efficacement sur la généralité des individus. » — Chateaubriand, *Etudes historiques*, 5e discours, 5e partie.

dem coemendi habeat facultatem, nisi aut hi qui ecclesias-
tici esse noscuntur, aut christiani homines demonstrantur,
competenti pretio persoluto (C. 1. C. Th. de *lenonibus*).

26. Théodose le jeune, ordonna que le *leno* serait condamné aux mines.

27. Justinien défend à toute personne païenne, juive
ou hérétique de posséder des esclaves chrétiens (1).

27. Enfin entre autres modes nouveaux d'affranchissement, introduits dans la législation romaine, nous rencontrons celui qui se fait dans les églises chrétiennes, *in*
sacrosanctis ecclesiis.

SECTION II.

L'ESCLAVE DANS LA VIE CIVILE.

28. La condition de l'esclave dans la société civile
correspond bien à sa condition dans la vie domestique;
le législateur, après l'avoir abandonné comme une chose
à son maître, ne pouvait lui accorder ni les droits de
l'homme libre, ni les prérogatives du citoyen.

29. L'esclave, en effet, non seulement était privé du
jus civitatis avec ses conséquences le *jus suffragii*, le
jus honorum, mais il était incapable de se marier.
Qu'est-ce, en effet, que le mariage? Le mariage, suivant la belle définition de Modestinus, *est conjunctio maris*
et feminæ, consortium omnis vitæ, divini et humani juris

(1) C. 56, § 3; C. J. *de episc.*

communicatio (1). Comment l'esclave aurait-il pu s'élever à la hauteur de ces principes, lui qui ne dispose ni
de sa vie, ni de sa liberté et que le maître condamne
périodiquement à la reproduction dans les ergastules.
Aussi, le commerce des esclaves entr'eux ne portait pas
de nom juridique ; il était régi par les lois vagues, abs·
traites, indéfinies, de ce que quelques jurisconsultes
appelaient le *jus naturale* (2), c'est-à-dire qu'il n'engen-
drait ni effets civils, ni rapports de famille, *sed ad leges
serviles cognationes non pertinent* (3). Et, s'il est vrai,
que le respect que l'enfant doit à ses parents est dû par
l'esclave à sa mère, au point que l'enfant affranchi ne
pourra pas citer en justice la mère qui l'a conçu
esclave (4) ; s'il est vrai que les *serviles cognationes*
soient des causes d'empêchement au mariage, aux *justæ
nuptiæ* (5), gardons-nous bien de croire que ce soient
là des effets civils attachés par le législateur au commerce des esclaves. Ceux qui étaient esclaves ne pouvaient se prévaloir de leur parenté, et lorsqu'ils avaient
obtenu la liberté, leur parenté antérieure était prise
en considération uniquement à cause de l'*honestas publica*,
qui se rattache aux justes noces (6), et encore, à cause de
cette *honestas* qui veut que les enfants aient du respect
pour les auteurs de leurs jours (7).

(1) L. 1, *De ritu nuptiarum.* D.
(2) Gaius, C. 1, nº 1.
(3) L. 10, § 5, *De gradibus.* D.
(4) L. 4, § 2, nº 5, *De in jus voc.* D.
(5) L. 14, § 2-3, *De ritu nupt.* D.
(6) *Eod.*
(7) L. 4, § 2-3, *De in jus vocand.* D. — M. Massol, *De l'obligation natur. et de l'oblig. morale,* 1ʳᵉ partie, ch. 1, § 2, p. 11 et
suiv., 2ᵉ édit.

30. L'esclave ne pouvait pas ester en jugement.

31. Il ne pouvait pas témoigner en justice, *servum hominem causam orare leges non sinunt neque testimonii dictio est* (1); et si, par exception, on admettait son témoignage parce qu'il était indispensable pour la découverte de la vérité, on avait soin de le soumettre à la torture : *sine tormentis testimonium ejus credendum non est* (2).

32. Le témoignage de l'esclave n'était pas reçu contre son maître, car l'esclave ne forme avec celui-ci qu'une même personne, et c'eût été s'accuser soi-même que d'accuser son maître ; d'ailleurs, c'eût été abandonner le maître à la haine de son esclave ; aussi, pour remédier à cet inconvénient, décida-t-on, sous Auguste, qu'il serait vendu lorsque son témoignage contre son maître serait jugé nécessaire.

33. Pour les crimes domestiques, comme l'adultère, l'inceste, les esclaves sont admis à porter témoignage contre leurs maîtres, *de servis nulla quœstio est in dominos nisi de incestu*. Mais, après avoir été soumis à la torture, l'esclave était vendu, afin que la sincérité de son témoignage ne fût pas altérée par la crainte de rester au pouvoir de ce maître.

34. L'esclave ne pouvait pas tester, cependant on avait accordé aux esclaves publics, c'est-à-dire à ceux appartenant à l'Etat, le privilége de pouvoir disposer, par testament, de la moitié de leur fortune (3). Ce pri-

(1) Térence, *Pharm.* II, 1, 292.
(2) L. 21, § 2, *De testibus.* D; l. 8 *De quœst.* D. — Tacite, *Annal.* III, 14.
(3) Ulp., *Regul.*, tit. 20, § 16.

vilége leur fut concédé, sans doute, parce que l'esclave public ne pouvait pas aspirer, d'une manière aussi probable que celui qui servait un maître, à recouvrer sa liberté. Ce fut là un aiguillon pour l'exciter au travail.

SECTION III.

DE LA PERSONNALITÉ DE L'ESCLAVE, OU L'ESCLAVE DANS LA VIE JURIDIQUE.

35. Nous l'avons dit, l'esclave est, tout à la fois, une chose et une personne; le maître a deux droits sur lui, le droit de propriété, *dominium*, qui s'adresse à la chose, le droit de puissance, *potestas*, qui s'adresse à la personne. L'esclave faisait profiter son maître de ses acquisitions, comme le fils de famille en faisait profiter le père. L'un et l'autre, en effet, étaient *alieni juris;* mais gardons-nous bien cependant de les confondre, il existe entre eux des différences essentielles.

a) Le fils de famille a une personnalité indépendante (1), il est libre et citoyen, et s'il est l'instrument d'acquisition du père, c'est un effet de l'organisation de la puissance paternelle à Rome; c'est uniquement dans l'intérêt de cette puissance même, c'est parce que tout doit converger vers elle et qu'elle doit tout absorber. Mais, si quelque chose échappe à cette puissance pour une cause quelconque, le fils de famille a en soi la capacité de droit,

(1) L. 29, *De obligat. et act.* D.

c'est-à-dire, celle de l'acquérir pour son propre compte, comme pourrait le faire tout autre citoyen.

L'esclave, au contraire, n'a, lui, qu'une personnalité d'emprunt, de circonstance ; sa personnalité n'est autre chose que l'extension de celle du maître ; aussi, ce ne sont que les esclaves du maître qui peut lui-même stipuler, qui sont capables de faire la stipulation, à ce point que l'esclave du pérégrin ne pourra pas employer la formule *spondes* réservée aux citoyens romains (2). A ce point, encore, que si l'esclave est *derelictus*, il est absolument incapable de stipuler, car il ne peut emprunter aucune personnalité (1). Il faut, cependant, remarquer que, par une faveur exceptionnelle, on permettait à l'esclave d'une corporation, d'une personne morale, d'un sourd, d'un muet, d'un fou, de stipuler pour son maître, bien que celui-ci ne pût recourir à ce mode de contracter.

b) Le fils de famille pourra être poursuivi pour les obligations qu'il a contractées pendant qu'il était *alieni juris*, lorsqu'il sera devenu *sui juris*.

L'esclave, au contraire, après l'affranchissement, ne pourra pas être poursuivi sur ses biens pour les obligations par lui contractées pendant son esclavage. Il devait

(2) Gaius, *Comm.* II, n° 93.
(1) L. 36, lib. 5, tit. 5, *De stipulatione servorum.* D. — On peut supposer, dit M. Ortolan, que, dans ce cas, les jurisconsultes romains auraient considéré le contrat comme donnant lieu à une créance naturelle au profit de l'esclave. — M. Massol va plus loin ; il affirme que, lorsque l'esclave n'a point de maître, il peut placer sur sa tête des créances, pourvu qu'elles ne soient que naturelles. — Ici, la propriété du maître ne contrarie pas les stipulations que se ménage l'esclave pour son propre compte (M. Massol, *De l'oblig. naturelle*, 1re partie, ch. 4, sect. 12, § 1, 2e édition).

en être ainsi, non seulement parce que l'esclave était
dépourvu de personnalité, mais encore parce que, comme
le fait observer M. Machelard (1), chez le fils de famille
la capacité de s'obliger civilement n'avait rien que de
raisonnable ; c'était un individu destiné à avoir des biens,
et qui généralement, en acquérant son indépendance,
obtenait la jouissance d'un patrimoine sur lequel il avait
dû compter ; pour l'esclave, sa liberté était toujours un
accident assez incertain ; il arrivait d'ailleurs à l'état
d'homme libre sans aucune ressource, on ne voulait pas
le grever trop lourdement de son passé, on jugeait que
c'était assez de lui imposer, à titre d'obligations na ·
turelles, les conséquences des contrats qu'il avait faits *in
servitute*.

c) Le fils de famille, ayant une personnalité, peut se
porter *adstipulator*.

L'esclave ne le peut pas ; il s'agit ici d'une créance
attachée à la personne même du stipulant. L'esclave ne
pourrait donc ni la transmettre à son *dominus*, puisqu'elle
est intransmissible, ni la garder pour son compte puisqu'il est incapable de l'acquérir (2).

d) Lorsqu'un fils de famille a stipulé au sujet de son
pécule *castrens* ou *quasi-castrens*, la propriété lui appartient. Si c'est l'esclave qui a stipulé au sujet de son pécule, la propriété de la créance en est au maître puisqu'il
a la propriété du pécule.

36. Voilà des développements suffisants pour distinguer ces deux situations, pour établir que le droit civil

(1) M. Machelard, *Des obligations naturelles en Droit romain*,
p. 162.
(2) Gaius, *Comm.* III, 114.

ne reconnaît l'esclave comme *persona* que lorsqu'il représente son maître, et encore, faut-il que ce soit pour faire meilleure sa condition. Ainsi, l'esclave ne pourrait pas stipuler qu'il lui sera permis de se promener sur l'héritage d'autrui, parce que ce fait ne procure aucun avantage au maître dont il emprunte la personnalité. Il en serait autrement du fils de famille qui, lui, a une personnalité.

37. Cependant, il faut remarquer qu'en matière de testament, l'esclave n'emprunte la personnalité du maître qu'au point de vue de la forme, c'est-à-dire qu'on ne peut léguer qu'à l'esclave de celui avec qui l'on a faction de testament ; mais, quant au reste, on apprécie la personnalité de l'esclave distincte de celle du maître. Ainsi, le legs per *demnationem* fait à l'esclave d'une chose appartenant à son maître est valable, tandis qu'il ne le serait pas s'il était fait au maître de sa propre chose (1).

38. C'est au maître, dont l'esclave emprunte la personnalité, que profitent les acquisitions ; voilà le principe. Examinons quelques espèces :

39. Quels sont les effets de la stipulation faite par un esclave appartenant à plusieurs maîtres ? Si la stipulation est rédigée *impersonaliter*, chacun acquiert une part de la créance proportionnelle à son droit de propriété (2). Si elle est faite au profit de quelques-uns spécialement, la stipulation leur profite par portions égales (3). Enfin, si l'esclave n'a stipulé que pour l'un d'eux, celui-là seul profite de la stipulation. Celui de ses maîtres, par l'ordre

(1) L. 82, § 2, *De legatis*. D.
(2) L. 28, § 1, *De stipul. servorum*. D.
(3) L. 57, *De stipul. servorum*. D.

duquel l'esclave a stipulé, profite seul aussi de la stipulation (1).

40. La nature des choses que l'esclave a acquises ou
stipulées peut avoir une grande influence pour déterminer à qui elles doivent appartenir. Si, par conséquent,
l'esclave commun de deux maîtres a stipulé ce dont l'un
était déjà propriétaire ; s'il a stipulé une servitude et que
l'un des maîtres n'eût pas de fonds, dans ces divers cas,
la stipulation ne profitait qu'à celui qui pouvait en tirer
avantage et lui profitait pour le tout (2). L'esclave commun, en effet, *duorum servorum personam sustinet*, c'est
comme s'il n'appartenait qu'à un de ses maîtres.

41. L'esclave appartient et à un nu-propriétaire et
à un usufruitier, qui profitera de ses acquisitions ?
L'usufruitier en profitera lorsqu'elles proviendront de sa
propre chose, *ex re sua*, et encore lorsqu'elles seront
le fruit des travaux, des services de l'esclave *ex operis
ejus* ; mais, pour tout le surplus des acquisitions, c'était
le nu-propriétaire qui en bénéficiait (3). Donc, c'est
à celui-ci que revenaient les successions qui étaient
échues à l'esclave, les donations dont il était gratifié.
Cependant, cet état de choses finit par recevoir des modifications que suggéra l'esprit d'équité, et pour l'attri-
bution soit des successions, soit des donations, on
s'attacha à la volonté des parties, on rechercha si elles
avaient voulu en faire profiter le nu-propriétaire ou

(1) Gaius, *Comm.* III, 167.
(2) L. 1, § 4, *De acq. rer. domin.* D.
(3) Paul, *Sent.* V, 7, 5 ; *Inst.* II, 9, 4.

l'usufruitier, et, c'est suivant leur intention, qu'on en faisait bénéficier l'un ou l'autre (1),

42. Malgré ces principes équitables et protecteurs, l'usufruitier n'était pas toujours assuré de profiter de ce que l'esclave pouvait acquérir *ex re ejus* et *ex operis suis ;* car la L. 25, § 3, *de usufruct.,* établit un système qui permet à l'esclave de dépouiller l'usufruitier de toutes les acquisitions. Nous y lisons, en effet : *Denique scribit* (Julianus) *eum qui ex re fructuarii stipuletur nominatim proprietario, vel jussu ejus ipsi adquirere.* Mais en présence de cette situation désastreuse, et considérant que l'esclave ne pouvait pas équitablement dépouiller au profit du nu-propriétaire l'usufruitier à qui il devait son temps, ses services, ses travaux, le jurisconsulte Pomponius accordait à celui-ci une *condictio* (2).

43. Lorsqu'il y a deux usufruitiers, ils profitent tous deux des acquisitions et stipulations de l'esclave proportionnellement à leur part d'usufruit, à moins cependant que ce soit par ordre ou dans l'intérêt d'un seul que que l'esclave ait agi, ou bien encore que, par la nature des choses acquises, elles ne puissent profiter qu'à l'un d'eux (3). Dans le cas où l'esclave aura stipulé pour un seul des usufruitiers avec la chose commune, l'autre pourra, au moyen de l'action *communi dividundo,* se faire restituer sa part (4).

44. Nous avons dit que lorsqu'un esclave commun a acquis *ex re* d'un seul de ses maîtres, les deux proprié-

(1) L. 21-22, *De usuf.* D. ; L. 19, *De acq. rer, dom.* D.
(2) L. 59, *De stip. serv.* D.
(3) L. 53, *De stip. serv.* D.
(4) L. 52, *De stip. serv.* D.

taires profitaient de l'acquisition; devons-nous décider
de même dans le cas où deux usufruitiers ont des droits
sur l'esclave, et où c'est avec la chose propre de l'un
d'eux que l'acquisition ou la stipulation est faite ? Paul,
L. 27, *de stip. serv.*, D.; Ulpien, L. 23, § 3, *de acq.
rerum. dom.*, D, et Scœvola, L. 19, *de stip. serv.*, D.,
nous répondent négativement, c'est-à-dire que c'est celui
à qui appartient la chose qui profitera de l'acquisition
entière. Cependant, Ulpien, L. 25, § 6, *de usufruct. et
quemadm.*, apporte une modification à cette règle, il prétend, en effet, que la stipulation ou l'acquisition de l'esclave faite avec la chose d'un des usufruitiers, ne profitera
pour le tout à celui-ci que lorsque l'esclave l'aura nomi-
nativement désigné, ou quand il aura agi par son ordre.
Mais que, dans le cas contraire, l'usufruitier à qui la chose
appartient ne doit bénéficier de l'acte de l'esclave que
dans la mesure de son droit d'usufruit, le reste revenant
non à l'autre usufruitier, mais au nu propriétaire. Cette
dernière opinion d'Ulpien nous semble bien difficile
à accepter; en effet, dès l'instant qu'il s'agit d'une acquisition *ex re fructuarii* et qu'il y a un usufruitier qui
peut en profiter, nous avons peine à comprendre le rôle
du nu propriétaire. Nous croyons qu'il faut la repous-
ser, et que c'est à la loi 23, § 2, *de acq. rer. domin.*
qu'il faut se reporter; Ulpien y adopte lui-même franche-
ment les principes émis par Paul dans la loi 27, *de stip.
servorum*, et par Scœvola, dans la loi 19, *eod.*

45. Nous venons de voir quel rôle joue la personnalité
de l'esclave dans l'acquisition de la propriété, voyons
quel est celui qu'elle joue dans l'acquisition de la possession.

46. La loi 50, *de acquir. vel amitt possess.*, au Dig., nous apprend que le fils de famille acquiert toujours soit la propriété, soit la possession au véritable père, et nullement à celui qui le possède de bonne foi comme fils.

Au contraire, la l. 1, § 6, *eod. tit.*, établit que l'esclave ou l'homme libre réputé esclave acquiert la possession à celui qui le possède de bonne foi, *per eum*, nous dit Paul, *quem bona fide possidemus quamvis alienus sit vel liber posessionem adquiremus.*

47. Les droits différents que le père de famille et le maître avaient sur leurs enfants et sur leurs esclaves expliquent cette distinction; en effet, le droit du père de famille sur ses enfants n'était pas un droit de possession ou de propriété; on n'admettait pas que le père pût, en réalité, posséder son enfant (1), qu'il pût en être propriétaire, car on n'autorisisait pas la révendication d'un fils, ce qui aurait impliqué la propriété (2). Le droit du père n'était qu'un droit de puissance, le *jus patriæ potestatis*; d'où il suit que le *jus patriæ potestatis* étant la base de l'acquisition faite par l'intermédiaire du fils, celui-là seul qui est le véritable père, c'est-à-dire qui a cette puissance et nullement le père putatif, peut profiter des acquisitions faites par le fils.

Le maître, au contraire, avait sur son esclave un droit de possession; c'est en vertu de ce droit qu'il acquérait la possession par l'intermédiaire de l'esclave, c'est donc celui qui le possède de bonne foi qui doit acquérir (3).

(1) Paul, l. 1, § 8, *De acquir. vel amittend. possess.* D.
(2) Ulp., l. 1, § 2, *De rei vind.*
(3) M. Th. Huc, *du Formalisme romain*, p. 104 et 105.

18. D'après tout ce que nous venons de dire, nous pouvons poser ce principe fondamental, c'est que l'esclave n'est qu'un instrument d'acquisition pour le maître, qu'il se serve de la tradition, de la stipulation, du testament ou de tout autre mode (1). Il ne peut, tant qu'il est soumis à la puissance dominicale, acquérir aucune créance pour lui-même, dans son intérêt personnel; tout ce qu'il acquiert c'est son maître qui en profite. Tout ce qu'il se fait promettre, c'est son maître qui en devient le seul créancier.

49. Voici cependant quelques exceptions :

1° Dans la loi 7, § 18, *de pactis*, D., il est dit que si un esclave institué héritier et affranchi sous condition a fait, avant que l'événement se réalisât, un accord avec les créanciers héréditaires, il peut, la condition venant à s'accomplir, leur opposer lui-même ce qu'il a convenu, alors qu'il était esclave.

Il n'y aurait pas là d'exception si nous acceptions l'opinion de M. Savigny (T. II, p. 404). Il prétend que l'esclave n'est pas créancier en vertu de l'obligation primitive, mais bien à cause de la persistance de la personne qui a promis, et qui par son refus, commet un dol nouveau, qui a lieu après que l'esclave a obtenu sa liberté. Devons-nous accepter cette interprétation? Elle cadre bien, sans doute, avec le système général de l'incapacité de l'esclave, mais elle nous semble heurter les vrais principes du droit, car, comment peut-on admettre qu'il y ait un dol si l'obligation primitive est radicalement nulle.

(1) L'esclave ne pouvait se servir de l'*in jure cessio*, le fils de famille ne le pouvait pas davantage (Gaius, II, 96).

2º Lorsque l'esclave avait été affranchi par fidéicommis, il pouvait, au moyen d'une *cognitio extraordinaria*, faire obliger l'héritier à l'affranchir directement, ou, s'il se trouvait en la possession d'un tiers, le faire contraindre à le racheter, et puis à l'affranchir (1).

3º Lorsque le maître traite avec son esclave, se constitue son débiteur, l'esclave acquiert une obligation naturelle.

Il semble que de pareilles conventions entre le maître et l'esclave devraient être annulées ; car, d'un côté, l'esclave n'a pas de personnalité, et, de l'autre, le maître cumule sur sa tête la double qualité de créancier et de débiteur ; mais les textes sont formels pour établir l'existence de cette obligation naturelle. Nous lisons, en effet, dans la loi 64, D., *de condict. indeb.*, que si le maître doit quelque chose à son esclave, et qu'après son affranchissement il l'ait payé, il ne pourra rien répéter par la *conditio indebiti*.

Mais, devons-nous aller plus loin et admettre, avec Cujas, que l'esclave acquiert, pour son compte, une créance naturelle quand il traite avec une personne étrangère. En effet, en commentant la loi 14 *de oblig. et act.*, au Digeste qui porte : *Servi ex delictis quidem obligantur et si manumittuntur obligati remanent, ex contractibus autem civiliter quidem non obligantur, sed naturaliter et obligantur et obligant. Denique si servo, qui mihi mutuam pecuniam dederat manumisso solvam, liberor.* Cujas (2) nous dit : les esclaves peuvent obliger natu-

---

(1) Instit. II, 24, § 2 ; Ulp., l. 25, § 12, *De fid. libert.*
(2) Cujas, *Recitat. solemnes in tit. VII de oblig. et act.*, § 14, *servi ex delictis.*

rellement à leur profit les tiers, parce que, devant la nature, tous les hommes sont égaux, *quia natura omnes homines æquales sunt*; aussi, continue-t-il, celui qui a payé à l'esclave, après l'affranchissement, une dette contractée avec lui pendant la servitude, est libéré à l'égard de l'esclave et à l'égard du maître, *servo tenebatur naturaliter, tantum domino civiliter*, et il cite, à l'appui de son opinion, la loi 41, *nec serv. de peculio*; mais ce texte, au contraire, nous apprend que l'esclave n'est jamais créancier.

M. Puchta (1) a cherché à donner à cette loi 14, *de oblig. et act.* un autre sens. Il suppose que l'esclave ayant la libre administration de son pécule a prêté une somme; il prétend qu'alors l'esclave devient créancier naturel, que, par conséquent, si le débiteur se libère après l'affranchissement, croyant que le pécule a été laissé à l'esclave, il le fera valablement (2).

Cette interprétation nous semble difficile à accepter; car, remarquons que si le payement est valable lorsqu'il est fait à un esclave qui a eu un pécule, mais qui n'en a plus, c'est que cet esclave était un mandataire entre les mains duquel on peut valablement se libérer, alors même que le mandat serait révoqué, pourvu que celui qui paie ignore cette révocation. Il n'y a là qu'une application de la loi 32 *de solution.*, au Digeste, ce qui est bien loin d'établir que l'esclave soit un créancier naturel.

M. Puchta s'appuie sur la loi 53, *de peculio*, et sur la

---

(1) Inst., t. III, p. 34.
(2) M. Machelard, *Des obligations naturelles en droit romain*, p. 187.

loi 3, *de manumiss.* au Digeste; mais ces lois ne font
que prévoir le cas où le pécule a été laissé à l'esclave
après son affranchissement; et, comme alors il résulte
bien de la volonté tacite du maître, qu'il a voulu abandonner le bénéfice de la dette du tiers à l'esclave, celui-ci
sera réputé être créancier naturel. Ce n'est donc qu'au
jour de l'affranchissement, par la volonté du maître,
que l'esclave acquiert la créance naturelle, jusqu'alors
il n'avait absolument aucun droit sur elle, le maître seul
était créancier.

Nous croyons donc, avec M. Massol (1), à qui nous
avons emprunté les éléments principaux de cette discus-
sion, devoir rejeter ces deux interprétations et nous
dirons, pour expliquer la loi 14, *de oblig. et action.*,
qu'elle n'est que la conséquence, l'application de la loi 64
D. *de cond. indeb.*, c'est-à-dire, que si la loi 14 nous dit
que l'esclave acquiert une créance naturelle, c'est uniquement dans le cas prévu par la loi 64 *de cond. indeb.*,
lorsque l'affaire s'est passée entre l'esclave et son maître.
Mais, toutes les fois que l'esclave contractera avec un
tiers, son maître seul deviendra créancier, profitera de
l'acquisition.

50. Enfin, nous devons admettre, en citant les
paroles de M. Massol (2), que ce sont là des exceptions
qu'il faut se garder d'étendre. Lorsque l'esclave a un
maître, et qu'il ne traite pas ou avec lui ou d'un intérêt
futur qui ne peut toucher que lui, c'est-à-dire, lorsque

---

(1) M. Massol, *De l'obligation naturelle et de l'obligation morale,*
1re partie, ch. 4, sect. 12, § 1, p. 175, 2e édit.
(2) *Eod.,* p. 174.

la chose ne s'y prête pas nécessairement, ou que le maître, qui est propriétaire de l'esclave n'amène pas, par sa volonté, cette division de personnes, nous ne pensons pas que l'esclave oblige les autres naturellement envers lui. Sa personnalité est tellement absorbée par celle de son maître, qu'il lui est impossible de l'en détacher. Une théorie contraire paralyserait le droit de propriété du maître, et porterait les esclaves à veiller, plutôt dans leur intérêt que dans celui de leur maître, ce qui répugne à l'idée constitutive de l'esclavage à Rome.

51. L'esclave ne peut pas être créancier, même naturellement, sauf de rares exceptions, nous venons de l'établir. Mais il peut être débiteur, c'est-à-dire tenu d'une dette résultant, soit de ses délits, soit de ses contrats.

1° *De ses délits.*

La loi romaine, quoique déniant à l'esclave toute personnalité, le considérait cependant comme un être intelligent. Il n'était pas, comme on s'est plu trop souvent à le dire, privé de toute volonté, non ; parfois sa volonté se manifestait, et elle exerçait une grande influence sur les faits juridiques ; n'avons-nous pas vu, en effet, que l'esclave commun qui stipule pour un seul de ses maîtres, fait acquérir à ce maître tout le bénéfice de la stipulation à l'exclusion de l'autre?

Mais, c'est surtout en matière de délits, que la loi romaine reconnaît la volonté de l'esclave, puisque, dans le frag. 20, *de oblig.* au Digeste, elle va, sinon jusqu'à lui ordonner la résistance au maître, du moins jusqu'à le punir de son obéissance.

Si l'esclave a une volonté, il doit en subir les conséquences, c'est-à-dire qu'on doit lui imposer la responsabilité de ses actes. C'est ce que fit la loi romaine. Seulement, comme pendant son esclavage nulle action ne peut être dirigée contre lui, c'est contre son maître que la victime de ses méfaits intentera son action, et le maître aura la faculté de se libérer en faisant l'abandon noxal. S'il est affranchi avant que l'action ait été exercée, c'est contre lui, devenu homme libre, qu'elle devra l'être, parce que désormais il peut y répondre *at si manumissus fuerit, directo ipse tenetur* (1).

2° *De ses contrats.*

Lorsque l'esclave s'engage par ses contrats, il ne met plus en jeu la personnalité du maître, car il ferait sa condition pire, ce qu'il ne peut ; mais il y met purement et simplement sa propre personne. Or, comme contre lui il n'y a pas d'action possible, l'obligation civile ne peut exister, et il ne se trouve tenu que d'une obligation naturelle ; c'est ce que décide la loi 14 *de oblig.* D. où il est dit : *Servi ex contractibus autem civiliter quidem non obligantur, sed naturaliter obligantur.* Il faut bien remarquer, que cette obligation naturelle ne se transforme pas en une obligation civile après l'affranchisse-

(1) Institut., lib. IV, tit. VIII, § 5.

ment ; elle reste toujours ce qu'elle a été dans le principe, c'est-à-dire une obligation dépourvue d'action. C'est ce que décide Paul (1), quand il nous dit : *Servus si mutuam pecuniam servitutis tempore acceperit, ex ea obligatione post manumissionem conveniri non potest.*

CHAPITRE PREMIER.

DU PÉCULE.

52. L'esclave, quoique sans nom, sans capacité, sans droits dans la société romaine, comme nous venons de le voir, pouvait cependant, avec le consentement de son maître, posséder *un pécule*. C'était un petit patrimoine, soumis, il est vrai, au caprice du maître, qui le diminuait ou le détruisait entièrement, selon son bon plaisir ; mais c'était aussi et surtout une rémunération que l'esclave recevait en récompense de son intelligence, de son travail, de ses services, et qui d'ordinaire l'accompagnait dans son affranchissement.

53. Lorsque son maître l'avait affranchi d'un coup de baguette, il entrait dans la vie libre, avec une première mise de fonds pour vivre en liberté. Le pécule donnait à son esprit, destitué, en quelque sorte, de toute volonté par la loi, l'habitude de la volonté. Il préparait l'esclave à la vertu par la prévoyance, il l'introduisait pas à pas à la possession de lui-même, et, pendant le

(1) Paul, *Sent.*, lib. II, tit. XIII, § 9.

temps d'épreuve, il le consolait, comme le prophète de son rachat et le confident de son espérance.

C'est qu'en effet, l'esclave à la tête de son pécule, devenait une personne capable, il pouvait faire tous les actes relatifs à ce patrimoine que son maître lui avait confié, absolument comme un citoyen.

55. C'est donc ce patrimoine de l'esclave qui va faire l'objet spécial de notre étude; en développant l'action *de peculio*, nous laisserons de côté tout ce qui aura trait au fils de famille; nous n'envisagerons cette action que comme se rattachant au *pécule de l'esclave* et comme étant la sanction des obligations qui pèsent sur lui.

SECTION Iʳᵉ.

CONSTITUTION DU PÉCULE.

55. Le pécule est une portion de la fortune du maître, que celui-ci confie à l'administration de son esclave.

Le mot pécule signifie un peu d'argent, un petit patrimoine: *Peculium dictum est quasi pusilla pecunia, sive patrimonium pusillum* (1), c'est une *universitas juris*.

Mais il faut remarquer que, quelque modiques que soient les biens acquis par l'esclave, pour passer à l'état de pécule et jouir de la faveur que la loi romaine lui accorde, il faut que ces biens aient été distraits, par le maître, de sa propre fortune, afin d'être mis au compte

_____

(1) L. 5. § 3, *De peculio*. D.

de l'esclave. *Peculii est non id, cujus servus seorsum a domino rationem habuerit, sed quod dominus ipse separaverit* (1).

56. La volonté du maître est donc indispensable pour constituer le pécule, sans quoi, l'esclave pourrait, en effet, le grossir frauduleusement (2). Au reste, cette volonté sera censée exister toutes les fois que le maître aura eu une connaissance générale des objets que l'esclave possède, le législateur n'en exige pas une connaissance particulière. *Non solum id peculium est quod dominus servo concessit; verum id quoque quod ignorante quidem eo acquisitum sit tamen si rescisset passurus erat esse in peculio* (3).

57. Il est donc bien établi que le pécule ne peut exister que si la volonté du maître y consent, mais cette volonté ne suffit pas à elle seule : les textes nous disent qu'il faut en outre que le maître ait fait tradition à l'esclave des biens qui donnent naissance à son pécule, ou qu'il les ait reconnus comme livrés, si l'esclave les avait déjà en sa possession. *Non statim quod dominus voluit ex re sua peculii esse peculium fecit sed si tradidit aut quum esset pro tradito habuit desiderat enim res naturalem traditionem* (4). Et Pomponius confirme ce principe en ajoutant que, pour accroître le pécule, il faut autre chose que des paroles : *re enim non verbis peculium augendum est* (5).

(1) L. 4, *In pr., eod.*
(2) L. 4, § 2, *eod.*
(3) L. 49, *pr., eod.* ; L. 7, § 2, *eod.*
(4) L. 8, *eod.*
(5) L. 4, § 1, *eod.*

58. Enfin, les textes nous disent, que l'esclave ne pourrait pas se déclarer, sur ses livres, débiteur de son maître, s'il ne lui doit effectivement rien ; de même, le maître ne pourrait pas se déclarer sur ses livres débiteur de son esclave d'une somme qui ne lui aurait pas été comptée. *Ut debitor*, nous dit Pomponius, *vel servus domino vel dominus servo intelligatur ex causa civili computandum est ideoque si dominus in rationes suas referat, se debere servo suo, cum omnino neque mutuum acceperit, neque ulla causa praecesserat debendi nuda ratio non facit eum debitorem* (3).

C'est qu'en effet, lorsque l'esclave a un pécule, il est relevé, aux yeux du préteur, de l'incapacité qui le frappait ; son engagement, en un mot, est garanti des mêmes moyens exécutoires que celui du citoyen ; il peut avoir des créances, des dettes sanctionnées par une action. Mais si le droit prétorien est favorable à ce point à l'esclave, c'est parce qu'il a un patrimoine qui devient le gage de ses créanciers, et sur lequel ceux-ci pourront se faire payer. Il était donc important d'établir ce patrimoine sur des bases sérieuses et stables, de ne pas donner à l'esclave le pouvoir d'en disposer suivant son caprice, car autrement il aurait pu facilement frustrer les créanciers ordinaires de son pécule, au profit de son maître, puisque celui-ci ayant un droit de préférence rien ne lui aurait été plus aisé que de se faire reconnaître des créances fictives sur le pécule et de l'absorber ainsi en totalité ou en partie.

Mais cette explication, comme le fait très-judicieuse-

(3) L. 49, § 2, *cod.*

ment observer M. Massol (1), bonne pour la première
partie du texte, est insuffisante pour la dernière, c'est-à-
dire pour le cas où c'est le maître qui se constitue
débiteur; alors, en effet, les créanciers ordinaires du
pécule n'ont pas à souffrir dans leurs intérêts; leur position, au contraire, s'améliore, et cependant dans cette
circonstance il est décidé également qu'il n'y aura point
dette. Il faut donc, pour comprendre cette partie de la
L. 49 h. t., se rattacher à la *causa*.

50. Toutefois, la pure volonté, la *nuda voluntas* du
maître suffisait pour accroître le pécule, lorsque le maître
faisait remise de ses dettes à l'esclave, parce que l'obligation naturelle qui seule existe entre le maître et l'esclave, peut être anéantie par la pure volonté du maître (2),
et, que ces dettes s'éteignant enrichissent d'autant le
pécule qui n'existe, ceci est important à remarquer, et
nous l'exposerons plus tard avec détail, que déduction
faite de ce que l'esclave doit à son maître.

60. L'esclave vicaire, *servus vicarius*, qui, lui-même,
fait partie du pécule confié à un autre esclave, peut avoir
un pécule; car, comme le dit Celsus, dès que le maître
a constitué un pécule à son esclave, il est censé en avoir
constitué un à l'esclave vicaire (3).

C'est donc encore ici la volonté du maître qui donne
vie au pécule; mais, remarquons que le pécule du
vicarius, pour s'alimenter, pourra puiser à deux sources,

(1) M. Massol, *De l'obligation naturelle et de l'obligation morale
en droit romain et en droit français,* 2ᵉ édition. Introduction,
p. XLIII.
(2) L. 14, *De solution.* D.; L. 95, § 4, *De solut.* D.
(3) L. 0, *De peculio.*

c'est-à-dire qu'il s'augmentera et de ce que le maître et de ce que l'esclave ordinaire voudront bien distraire de leur patrimoine en faveur de l'esclave vicaire.

SECTION II.

COMPOSITION DU PÉCULE.

61. Le pécule se compose de toute espèce de biens meubles ou immeubles; il contient aussi des esclaves vicaires et leur pécule (1).

Il comprend encore tout ce qui peut être dû à l'esclave soit pour cause de vol, soit par toute autre cause. Un legs, une hérédité, des créances peuvent en faire également partie. *Sed et si quid furti actione servo deberetur, vel alia actione, in peculium computabitur hereditas quoque et legatum, ut Labeo ait* (2).

62. La dette du maître à l'égard de l'esclave entre aussi dans le pécule de celui-ci, *si forte in domini rationem impendit*, si le maître a consenti à la lui devoir ou s'il l'a exigé de son débiteur. Donc, si le maître a exigé par l'action du double ce qui était dû à son esclave par suite de l'éviction que celui-ci aurait eu à éprouver à propos d'une chose par lui acquise en vertu d'une vente, le bénéfice de cette action entrera dans

(1) L. 7, § 4, *cod.*
(2) L. 7, § 8, *eod.*

le pécule à moins que le maître n'ait manifesté une volonté contraire (1).

63. Mais, le maître peut impunément causer du dommage à son esclave, lui soustraire ses biens sans que le pécule s'enrichisse d'aucune action contre lui ; *sed si damnum servo dominus dederit in peculium hoc non imputabitur non magis quam si subripuerit* (2). Le maître ne fait alors qu'user de ses droits de propriétaire.

64. Les vêtements de l'esclave entrent-ils dans son pécule ? Il semble, à la lecture des textes, que sur ce point les jurisconsultes romains aient été en désaccord, nous lisons, en effet, dans un fragment de Pomponius (3). *Id vestimentum peculii esse incipit, quod ita dederit dominus ut eo vestitu servum perpetuo uti vellet eoque nomine ei traderet, ne quis alius eo uteretur idque ab eo ejus usus gratia custodiretur.* D'un autre côté, Marcien (4) semble affirmer le contraire, c'est-à-dire, que les vêtements n'entrent pas dans la composition du pécule, voici ce qu'il nous dit : *quomodo autem peculium nascitur quæsitum est ? et ita veteres distinguunt si id acquisiit servus quod dominus necesse non habet præstare, id esse peculium : si vero tunicas aut aliquid simile, quod ei dominus necesse habet præstare, non esse peculium.*

Pour concilier l'opinion de ces deux jurisconsultes on peut dire : le fragment 25 de Pomponius signifie que les vêtements donnés à l'esclave entrent dans son pécule,

(1) L. 7, § 6, *cod.*
(2) L. 9, *In pr.*, *cod.*
(3) L. 25, *cod.*
(4) L. 40, § 1, *cod.*

3

font partie du pécule, *est peculii* selon les expressions du texte. Que, d'un autre côté, le fragment 40 de Marcien ne contredit nullement ce principe, mais se borne simplement à énoncer que les vêtements ne peuvent donner naissance au pécule, *non esse peculium*; et pourquoi cela? parce que *propter tam frivola non nascitur peculium.*

Mais Pothier propose une autre conciliation, il fait remarquer que le maître ne doit de vêtements à ses esclaves qu'autant qu'ils n'ont pas un pécule qui puisse suffire à leur entretien; or, le texte de Pomponius prévoit précisément le cas où l'esclave a déjà un pécule où, par conséquent, le maître ne doit pas de vêtements; dès lors, Pomponius a raison de prétendre que ces vêtements entrent dans le pécule; il ne fait que confirmer l'opinion de Marcien qui nous dit que si l'esclave a acquis quelque chose que son maître ne doive pas lui fournir la chose entre dans le pécule: *si id acquisiit servus quod dominus necesse non habet præstare, id esse peculium.* Mais s'il devait lui fournir les vêtements, ce que prévoit, la dernière partie du texte de Marcien, le pécule ne s'en enrichirait pas.

Ajoutons, que si les vêtements avaient été donnés à l'esclave pour s'en servir dans certaines circonstances, par exemple, pour servir à table, ils n'entreraient pas dans le pécule; dans ce cas, en effet, le maître serait censé n'avoir donné ces vêtements que pour lui-même, dans son intérêt personnel.

SECTION III.

DROITS DE L'ESCLAVE SUR LE PÉCULE.

65. Les droits que l'esclave avait sur son pécule étaient restreints dans les limites d'une simple administration, il n'en avait, en quelque sorte que l'usage et le droit de vendre les choses susceptibles de détérioration. Mais le maître était libre de les étendre, et c'est ce qu'il faisait en accordant à son esclave son pécule *cum libera administratione*. Dès lors, l'esclave pouvait aliéner à titre onéreux, c'est ce qui résulte d'une constitution de Dioclétien et Maximien (1), où il est dit, que si des esclaves ayant la libre administration de leur pécule, ont vendu des juments et leurs poulains, le maître ne pourra pas faire annuler cette vente. Il pouvait aussi déléguer son débiteur, *cui peculii administratio data est, delegare debitorem suum potest* (2), et faire novation (L. 34, *de nov.*, 46, 2), grever d'une hypothèque un objet de son pécule (3), disposer des valeurs du pécule pour désintéresser ses créanciers, et, alors, toute dette était éteinte tant à son égard, qu'à l'égard du maître tenu de l'action *de peculio* (4).

66. Néanmoins, il ne lui était pas permis de faire des

(1) Const. 10, *quod cum eo i, qui in aliena potestate*, etc. Cod.
(2) L. 48, *De pecul.* D.
(3) L. 13, *De cond. ind.* D.
(4) L. 13, *De cond. ind.* D.

donations , ni d'engager les objets composant son
pécule, pour garantir la dette d'autrui (1).

67. Le maître qui donne à un esclave la libre administration de son pécule est censé lui permettre d'une
manière générale (*generaliter*) ce qu'il est probable qu'il
lui aurait permis s'il eût spécialement prévu le cas (*spe-
cialiter*) ; mais il n'est jamais censé avoir donné mandat
général de faire des choses illicites, *mandare iniquum
nemo præsumitur.*

68. Pour accorder à l'esclave la libre administration
de son pécule, il faut que le maître la possède lui-même
relativement à ses propres biens ; ainsi, un pupille, un
individu en démence ne pourrait pas l'accorder, mais
leur tuteur ou curateur peut donner ou refuser la libre
administration du pécule (2).

69. Disons, enfin, que la libre administration du pécule cesse entièrement pour l'esclave fugitif, parce qu'il
doit-être déchu d'une faveur dont il a abusé ; pour l'esclave qui a été volé, pour celui dont on ignore l'existence ou le décès ; *libera*, nous dit Paul (3), *peculii administratio non permanet neque in fugitivo, neque in
subrepto, neque in eo de quo nesciat quis vivat an mortuus
sit.*

(1) L. 7, *De donationibus* ; L. 1, *Quæ res pign.* ; L. 28, *De
pactis.*
(2) L. 24, *De pecul.* D.
(3) L. 48, *eod.*

SECTION IV.

70. Un pupille, un individu en démence ne peuvent pas constituer de pécule à l'esclave : *pupillum vel furiosum constituere quidem peculium servo non posse* (1). Le jurisconsulte Pédius ajoute que le pupille, même avec l'*auctoritas tutoris*, ne peut pas constituer vn pécule à son esclave. En effet, comme le fait observer Pothier (2), l'*auctoritas tutoris* ne doit intervenir que pour l'utilité du pupille, or il n'est pas utile au pupille que son esclave ait un pécule; il serait, au contraire, exposé à perdre celui qui pourrait être concédé à l'esclave.

71. Enfin, remarquons en acceptant l'opinion de Marcellus, de Julien et d'Ulpien qu'il n'est pas nécessaire que le maître permette à son esclave d'avoir un pécule, qu'il suffit qu'il ne le lui ait pas supprimé. Quant à la libre administration du pécule, il en est bien autrement, car elle ne peut résulter que d'une concession expresse (3).

(1) L. 7, § 1, *cod.*
(2) *Ad Pandect.*, h. t. 6.
(3) L. 7, § 1, *de peculio.*

CHAPITRE II.

ACTION DE PECULIO.

SECTION Ire.

CARACTÈRE DE L'ACTION DE PECULIO.

72. Lorsque l'esclave a traité à l'occasion de ce patrimoine, de ce pécule dont nous venons d'examiner la composition, le préteur accorde une action aux créanciers, action dite *de peculio*; c'est l'action même du contrat modifié par une *adjectio* qui limite le montant de la condamnation.

Cette action, comme nous le verrons plus tard, était dirigée contre le maître qui était tenu *duntaxat de peculio*; mais il faut remarquer, que l'esclave qui a un pécule et qui a contracté, engage, non-seulement son pécule, mais s'engage aussi lui-même naturellement; ainsi, le créancier a deux débiteurs et l'action *de peculio* intentée contre le maître ne libérera pas l'esclave; ce qui le prouve c'est la L. 50, § 2, h. t., où nous voyons que bien que l'action *de peculio* ait été intentée par le créancier contre le maître, l'obligation subsiste toujours sur la tête de l'esclave puisqu'elle est encore susceptible de fidéjussion. La *litis contestatio* survenue par suite de l'exercice de l'action *de peculio* contre le maître ne fait pas obstacle à la fidéjussion; donc, la novation judiciaire ne s'est pas produite quant à la dette naturelle de l'esclave. Nous trouvons encore la confirmation de ces prin-

cipes dans la L. 84. *de solution.* au Dig. Nous y lisons :
*egisti de peculio servi nomine cum domino : non esse
liberatos fidejussores ejus respondit.* Les fidéjusseurs qui
ont cautionné l'esclave ne sont pas libérés par cette circonstance que l'action *de peculio* a été intentée contre
le maître. Ils sont censés intervenus pour un *reus,* dont
l'obligation n'est pas la même que celle du maître.

73. Il ne faut pas croire que les créanciers, qui ont
traité avec l'esclave qui a un pécule, ne puissent se servir que de l'action *de peculio* pour arriver au paiement de
leur créance. Lorsque, en effet, un esclave fait un acte
juridique, il n'engage pas son maître en règle générale ,
mais exceptionnellement celui-ci se trouvera tenu du
contrat de l'esclave lorsqu'il aura donné l'ordre, le mandat d'agir, qu'il aura connu, ou même sans la connaître,
qu'il aura profité de l'opération ; d'où résulteront contre
lui les actions *quod jussu, exercitoria, institoria, tributoria, de in rem verso,* que les commentateurs jadis désignaient sous le nom *de actiones adjectitiæ qualitalis.*

74. I. *Actio quod jussu.* — *Si igitur,* nous dit Justinien (1), *jussu domini cum servo negotium gestum erit in
solidum prætor adversus dominum actionem pollicetur :
scilicet quia qui ita contrahit fidem domini sequi videtur.*
Toutes les fois donc qu'il y aura un ordre donné à l'esclave de faire un contrat quelconque, les tiers ayant
suivi la foi du maître, étant censés avoir contracté avec
lui-même, pourront s'en prévaloir et intenter contre lui
l'action *quod jussu.* Le *jussus* peut être donné soit par
testament, soit par lettres , soit verbalement, soit par

(1) Institut., lib. 4, tit. 7, § 1.

message. Il peut être spécial ou général (1), mais il n'est pas nécessaire que cet ordre du maître ait précédé l'engagement de l'esclave, il suffit de ratifier, car la ratification équivaut à un mandat. *Ratihabitio mandato æquiparatur.*

L'esclave, remarquons-le, doit être, en agissant, autre chose que l'instrument de son maître; car, nul doute, par exemple, que si le maître, empruntant une somme, ordonne de la compter à son esclave, ou ne doive, dans ce cas, donner une *condictio* et nullement l'action *quod jussu.* C'est ce que décide formellement la L. 5 in pr. *quod jussu* au Dig.; *si dominus*, porte ce texte, *vel pater pecuniam mutuam accepturus jusserit servo filiove numerari, nulla quæstio est, quin ipsi condici possit, immo hoc casu de jussu actio non competit.*

75. II. *Actiones exercitoria et institoria.*

Exercitoria tunc habet locum, cum quis servum suum magistrum navi præposuerit, et quid cum eo ejus rei gratia cui præpositus erit contractum fecerit (2).

Cette action est appelée *exercitoria* du nom de l'*exercitor*, c'est-à-dire du nom de l'armateur; quant à l'esclave préposé, il porte le nom de *magister navis.*

Nous lisons encore au même paragraphe des Institutes de Justinien : *Institoria tunc locum habet cum quis tabernæ forte aut cuilibet negotiationi servum præposuerit et quid cum eo ejus rei causa cui præpositus erit contractum fuerit.*

---

(1) L. 1, § 1, *Quod jussu.* D.
(2) Institut., lib., IV, tit. VII § 2,

Ici, c'est le nom du préposé *institor* qui donne le nom à l'action.

76. C'est l'extension du commerce à Rome et l'habitude que les citoyens avaient de se décharger sur leurs esclaves de tout ce qui avait trait aux opérations mercantiles, qui avaient fait admettre ces deux actions ; elles reposent, au reste, sur un principe d'équité bien certain, puisque celui qui a contracté un engagement avec un esclave préposé par le maître est censé avoir suivi la foi de ce maître lui-même, *fidem domini sequi videtur.*

77. Pour que le maître soit tenu de ces actions, il faut qu'il ait connu le commerce de son esclave (1).

78. Le préposant était même lié par les actes de l'esclave d'autrui. Les Romains allaient plus loin, un homme libre est préposé, quoiqu'il y ait là un mandat, on donnait, néanmoins, aux tiers action contre le préposant (2), c'était évidemment une violation manifeste des règles de la non représentation pour autrui.

79. Entre l'action *exercitoria* et l'action *institoria*, il y a cette différence, que la première est accordée contre l'armateur non seulement pour les obligations contractées par celui auquel l'armateur aurait remis le commandement du navire, mais encore pour celles contractées par celui que ce dernier se serait substitué, même à l'insu du maître et malgré sa défense. Tandis que l'action *institoria* ne peut pas être intentée à propos des obligations du substitué de l'*institor*. Cette différence, c'est-à-dire, cette facilité plus grande qu'on avait à accorder

(1) Gaius, *Comm.*, n° 71 ; L. 1, 5, 7, *De Instit. action.* D.
(2) Instit. de Just., liv. IV, tit. VII, § 2.

l'action exercitoire, provenait, sans doute, de ce que, l'agriculture étant ruinée par suite de la destruction de la classe moyenne, on voulait dans un but d'utilité générale, d'alimentation publique, favoriser l'importation des céréales à Rome.

80. III. *Actio tributoria.* — Lorsqu'un esclave affecte au su du maître une partie de son pécule à un commerce, les tiers qui ont contracté avec lui partagent avec le maître, s'il lui est dû quelque chose, tout le fonds de commerce et les bénéfices qui en sont provenus, *et ita prœtor jus dicit* ajoute le § 3, du tit. VII des Instit. de Justinien. Mais la distribution se fait par les mains du maître lui-même, si, par conséquent, l'un des créanciers a à se plaindre de cette distribution, on lui accordera contre le maître l'action *tributoria.* Pour que cette action soit donnée contre le maître, il faut qu'il y ait dol de sa part, et le dol existe dès qu'il vient à apprendre que l'un des créanciers a reçu moins que ce qui lui était dû (1).

81. IV. *Actio de in rem verso.* — Lorsqu'une opération faite par l'esclave a profité au maître, les créanciers de l'esclave peuvent se servir de l'action prétorienne *de in rem verso.* On considère, nous dit Justinien, comme ayant profité au maître les dépenses nécessaires faites dans l'intérêt de celui-ci par son esclave, par exemple, l'emprunt d'une somme fait pour payer la dette du maître, pour étayer ses bâtiments en ruine, pour acheter des céréales utiles à la subsistance de la famille, pour acquérir un fonds, etc.

(1) L. 7, § 2-3, *De tribut. action.* D.

82. Mais cette action se confond-elle avec l'action *de peculio ?* Cela semblerait résulter des expressions de Justinien dans ses Instituts, *licet enim una est actio qua de peculio, deque eo quod in rem domini versum sit agitur tamen duas habet condemnationes.* C'est que d'après Gaius, copié par Justinien, il n'y avait qu'une seule formule pour agir, *de peculio* et *de in rem verso.* Le juge, après avoir reconnu dans la *demonstratio* et *l'intentio* de la formule, l'opération faite par l'esclave et la prétention de droit qui en résultait devait dans la *condemnatio,* déterminer d'abord le profit que le maître avait retiré de l'affaire faite par son esclave, et, si ce profit ne représentait pas une somme égale à celle de l'obligation, il devait alors examiner, pour le surplus, l'importance du pécule, de manière à ce que le montant de la condamnation atteignit, mais ne dépassât pas la valeur du profit que le maître avait retiré de l'opération, augmentée, si cette valeur était insuffisante pour désintéresser le créancier, de celle du pécule de l'esclave (1).

83. Ulpien et Paul n'admettaient pas ce système ; ils pensaient que, ce qui a tourné au profit du maître, constituant une créance en faveur du pécule de l'esclave, la dette du maître grossissait ce pécule d'autant, et que dès lors on ne pouvait agir *de peculio* sans agir en même temps *de in rem verso* (2). Sauf cette observation, que l'action *de in rem verso* serait donnée spécialement et utilement s'il n'y avait plus de pécule, par exemple, si l'esclave était mort, aliéné ou affranchi depuis plus d'un an.

(1) Gaius, Comm. IV, § 73.
(2) L. 19 3, § 1, *De in rem verso.* D.

84. Malgré ces deux modifications *de peculio* et *de in rem verso* qui étaient insérées dans la *condemnatio*, il pouvait se faire qu'on ne pût faire valoir que la modification *de peculio* lorsque la chose n'avait pas tourné au profit du maître.

85. Il n'y avait donc là qu'une seule action, *una actio*, comme le dit Justinien, mais une double *condemnatio* : *tamen duas habet condemnationes.*

86. Nous ne connaissons pas la formule de cette action; mais, suivant les conjectures de Keller, voici quelle devait être la construction d'une action *de peculio*: *Mævius judex esto. Quod Titius Seio filiofamilias mensam argenteam commodavit, quà de re agitur, quidquid ob eam rem Seium Titio dare facem oportet ex fide bonâ ejus. Id judex Gaium patrem de peculio, aut quod in rem Gaii patris versum est, condemnato.*

Cette formule se rapporte évidemment au système de Gaius, puisqu'il y a deux *condemnationes.*

87. Mais, quand est-ce que le créancier devra se servir de telle ou telle action ?

Il est bien certain que, toutes les fois que le créancier pourra se servir des actions *quod jussu, institoria, exercitoria*, il y aurait folie de sa part, *erit stultissimus*, selon les expressions même de Justinien, s'il les négligeait pour avoir recours à l'action *de peculio* et *de in rem verso*. En effet, en mettant en exercice ces premières actions, il obtiendra la totalité de ce qui lui est dû, puisque le maître alors est tenu *in solidum*, tandis que, en mettant en exercice la seconde, il est obligé d'établir que l'opération a tourné au profit du maître ou que l'esclave a un pécule suffisant, et, par conséquent, il s'expose à ne pas être désintéressé entièrement.

Mais le créancier devra-t-il se servir de l'action tributoire ou de l'action *de peculio* ? Il vaudra mieux parfois, pour lui, se servir de l'action *de peculio*. L'action tributoire, en effet, ne comprend que ce qui a été mis dans le commerce, tandis que l'action *de peculio* s'exerce sur le pécule tout entier. De plus, le créancier qui a été payé n'est pas obligé de rapporter à un autre créancier du pécule ; il en est autrement dans l'action tributoire.

D'autrefois, l'action tributoire sera préférable lorsque, par exemple, les créanciers du maître absorberont la valeur du pécule, car si l'on agit par l'action *de peculio*, le maître prélèvera ce qui lui est dû ; résultat qui ne se produit pas quand on met en exercice l'action tributoire, le maître étant alors tenu de concourir purement et simplement avec les autres créanciers.

Enfin, partant de cette idée qu'en contractant avec une personne par ordre d'une autre, on ne contracte pas avec cette dernière, mais on met sa confiance en elle, les jurisconsultes décidèrent que celui qui contracterait avec l'esclave mandataire ou préposé du maître *fidem domini sequi videtur*, et, par suite, reconnaissant là le caractère de ce qu'ils appelaient *res credita*, ils donnèrent à celui qui avait traité avec l'esclave, la *condictio* contre le maître (1).

_____

(1) Voy. *De l'Esclavage chez les Romains*, de Caqueray, *Revue historique*, p. 239.

SECTION II.

88. L'action *de peculio* se donne, selon l'édit, pour toute affaire faite avec celui qui est sous la puissance d'autrui, *quod cum eo qui in alterius potestate esset, negotium gestum erit* (1).

89. C'est donc pour les obligations du fils de famille ou de l'esclave que cette action sera accordée, mais il faut remarquer, que malgré la similitude de position entre ces deux personnes, similitude qui, en matière de pécule, est la règle générale, nous avons néanmoins à signaler quelques notables différences :

1° *Quant aux règles de l'intercessio.* — Si le fils de famille se porte *intercessor*, cette obligation de sa part donne lieu à l'action *de peculio*; *et est vera*, nous dit Ulpien, *Sabinii et Cassii sententia existimantium, semper obligari patrem de peculio* (2). Toutefois le S.-C. Velléien rendait la *filia familias* incapable d'*intercessio*.

L'intercession, au contraire, était une opération complétement interdite à l'esclave parce qu'il y avait là une

(1) L. 1, § 2, *De pecul.*
(2) L. 3, § 9, *De peculio.*

sorte de bon office, de service désintéressé dont un homme libre seul devait s'acquitter, auquel l'esclave devait rester entièrement étranger; la meilleure raison, peut-être, c'est que l'esclave n'avait guère intérêt à ménager le pécule, n'étant pas héritier présomptif (M. Humbert, à son cours). Ainsi donc, l'esclave eût-il un pécule, il ne pourra se porter *fidéjusseur*, et dès-lors, il n'y aura pas lieu pour cette obligation à l'action *de peculio* contre le maître, à moins, nous disent les textes, qu'il n'ait fait ainsi un acte avantageux à son pécule, qu'il n'ait agi *ex re peculiari*, car dans ce cas il peut faire une *expromissio*, délivrer son débiteur dans l'intérêt de son pécule en promettant pour lui; il se produit alors une novation *pacti conventi, exceptionis ope* (L. 30, § 2 de pactis) (1).

Mais, faut-il conclure de ce que l'esclave qui a un pécule ne peut promettre sur ce pécule à moins que ce ne soit *ex re peculiari* que son engagement sera entièrement dépourvu d'effet? on devrait le décider affirmativement si nous ne considérions l'esclave que comme administrateur de son pécule; car il est entièrement incapable d'un tel engagement en cette qualité; mais l'esclave peut s'obliger naturellement, et, c'est à ce titre, que nous devons dire que son *expromissio* aura effet, qu'elle produira à son égard une obligation naturelle seulement, comme le dit M. Machelard (2). S'il est obligé, ce n'est pas à raison de la forme qu'il a employée, et avec les effets que cette forme est destinée à produire. La *promesse* vaut, sans

(1) L. 3, § 5 et 6, eod.; L. 7, § 1, eod.
(2) M. Machelard, *Des obligations naturelles en droit romain,* 1re partie, §2, art. 2, p 169.

doute, mais non pas à titre d'obligation *verbis*, elle vaut parce qu'elle est une manière d'exprimer le consentement à s'obliger et ce consentement suffit pour constituer l'obligation naturelle.

2° *Quant à la chose jugée.* — Si le fils de famille a eu chose jugée contre lui, l'action *de peculio* a lieu contre le père, et cela, même dans le cas où, suivant l'opinion de Marcellus (1), le père n'eût pas été passible de cette action; c'est que, par l'effet de la *litis contestatio* et du jugement il se produit une obligation nouvelle, puisqu'on peut contracter avec le fils de famille aussi bien par jugement, que par stipulation. Aussi, ne faut-il pas s'attacher à l'obligation originaire qui a donné naissance au jugement, mais uniquement à l'obligation résultant de la chose jugée, d'où il suit, que le père sera tenu, d'ordinaire, même de l'obligation du fils résultant d'un délit, puisqu'il suffira au créancier en provoquant un jugement contre le fils de nover sa créance par la *litis contestatio*, et, par ce moyen, d'obtenir l'action *de peculio* contre le père.

Quant à l'esclave, l'effet de la chose jugée contre lui ne s'exerce pas contre le maître.

3° *Quant au compromis.* — Lorsque le fils de famille a fait un compromis, le père en est tenu par l'action *de peculio*, et cela quelle que soit la nature de l'objet du compromis; que l'objet en soit tel qu'on aurait eu l'action *de peculio* contre le père, ou qu'il soit tel qu'on ne l'aurait pas eu, comme quand il s'agit de délits ou quasi délits du fils (2).

(1) L. 5, § 11, *De peculio.*
(2) L. 1, § 8, *De his qui eff. vel dis.* D.

Alors la première action disparaît, et, c'est en vertu de celle résultant de la stipulation, que le père est tenu (1).

Quant à l'esclave, au contraire, nous voyons dans la L. 3, § 8, h. t. que si un esclave a fait un compromis en se donnant pour homme libre, on se demande s'il y a lieu à l'action *de peculio* contre le maître en vertu de ce compromis, comme en vertu d'une gestion d'affaire. Et Ulpien répond qu'on ne doit pas accorder l'action *de peculio* pour le compromis de l'esclave, parce que cette action n'aurait pas même lieu à la suite d'un jugement prononcé contre l'esclave, *quia nec si in judicio condemnetur servus, datur in eum actio* (2).

4° *Relativement au serment*. — Si le fils de famille a déféré le serment, et qu'il ait été prêté, on donne l'action *de peculio* contre le père *quasi contractum sit*, c'est-à-dire comme si son obligation résultait d'un jugement (3).

Mais, il n'en est pas de même quant à l'esclave ; cela provient de l'incapacité qui le frappe de pouvoir ester en justice, car tout ce qui est assimilé au jugement lui est défendu également; et, par conséquent, le compromis, comme nous venons de le voir, et le serment comme l'établit la L. 5, § 2, de notre titre.

Ce principe, toutefois, semble être contredit par la loi 22 D., *de jurejur.*, où nous lisons : *Quidam et de*

(1) L. 3, § 10, *De peculio*. D.
(2) L. 3, § 8, *eod.*
(3) L. 5, § 2, *eod.*

4

peculio actionem dandam in dominum si actori detulerit
servus jusjurandum, *eadem de filiofamilias dicenda sunt.*

Pour concilier ces deux textes, on a prétendu que
cette L. 22, *de jurejur.*, visait le cas où l'esclave avait
déféré extrajudiciairement le serment sur une question
relative à son pécule, ce qui lui est permis tout aussi
bien qu'au fils de famille. Tandis que la L. 5, § 1, *de*
peculio, s'applique au cas où le fils de famille et l'esclave
défèrent le serment sur ce qui est étranger à leur pécule.

Cujas (1) croit que la question de savoir si l'esclave,
en déférant le serment, peut engager le maître, a divisé
les deux sectes de jurisconsultes, les Sabiniens et les
Proculiens.

Enfin, d'autres commentateurs pensent que l'esclave ne
peut déférer le serment qu'autant qu'il a la libre administration de son pécule, et que la L. 22, *de jurejur.*,
vise précisément cette hypothèse.

90. Lorsque le fils de famille a commis un délit, l'action *de peculio*, nous dit Ulpien (2), ne se donne pas
contre le père. Nous devons en dire autant quant au
maître ; en effet, les délits et les peines sont personnels
au délinquant et ne peuvent atteindre ni le père, ni le
maître, et, en outre, c'est que l'esclave n'a pas reçu son
pécule pour commettre des délits, mais uniquement pour
contracter ; mais si sur l'action *ex delicto*, le fils a été
condamné, le père est tenu *de peculio*, comme nous l'avons
déjà vu.

Il ne faut pas cependant exagérer ce principe, et nous

(1) Cujas, *Observ.* 8, II.
(2) L. 58, *De reg. jur.* D.

devons ajouter que l'action *de peculio* se donnera pour
les délits du fils de famille ou de l'esclave, toujours
jusqu'à concurrence de l'avantage que le père ou le maître en aura retiré, *quatenus locupletior factus est*, il doit
en être ainsi, nous dit Labéon (1), *quia iniquissimum est
ex furto servi dominum locupletior impune.*

91. Si mon esclave a dans son pécule une maison qui
menace ruine, et que, pour éviter les effets légaux qui
vont la frapper par ordre du préteur, c'est-à-dire d'abord
l'envoi en possession du voisin menacé (*in possessionem
ejus rei mittendus est*), puis l'ordre accordé à ce voisin de
posséder (*ut possidere liceat*), avec toutes les conséquences juridiques du droit de possession. Si, dis-je, pour
éviter ces résultats fâcheux, j'ai fourni la *cautio damni
infecti* (2), dois-je exiger des créanciers du pécule la
promesse de restitution de ce que je pourrais être obligé
de payer, par suite de mon engagement? La loi 22, *de
peculio*, nous répond affirmativement; de sorte que, si
j'ai été obligé de payer quelque chose par suite du dommage causé par la maison de mon esclave, je serai en
droit d'opérer une déduction; en effet, le maître est
privilégié pour ses créances contre le pécule. Mais, il
n'en est pas moins vrai, malgré cette garantie des
créanciers du pécule, que, relativement au voisin
menacé, je suis lié par une obligation ayant pour
objet la totalité du dommage, en vertu de la *cautio
damni infecti*, lié *in solidum*, comme le porte la loi 23

(1) L. 3, § 12, *De peculio.* D.
(2) Elle se donne tantôt par simple promesse, tantôt par satis-
dation, — *ex causa damni infecti interdum repromittitur, interdum satisdatur* (L. 1, §7, *Dastgnel. præt.*).

de notre titre. Mais que signifie cette expression *in soli-dum?* Le jurisconsulte Pomponius, pour nous l'expli-quer, compare ce cas à celui d'un esclave vicaire, et il nous dit : *sicut vicarii nomine noxale judicium in solidum pati, quia pro pignore ea si non defendantur actor abducit vel possidet.* C'est, qu'en effet, si j'ai un esclave ordi-naire, qu'il ait lui-même un esclave vicaire, et que ce *vicarius* vienne à causer un dommage, je serai tenu *in solidum,* lorsqu'on intentera l'action noxale, c'est-à-dire, non pas seulement jusqu'à concurrence du pécule, mais jusqu'à concurrence de la réparation du dommage (sauf l'abandon noxal); autrement, le demandeur, par ordre du préteur, emmènera l'esclave en gage, si personne ne se présente pour le défendre (1).

Eh! bien, il en est de même de la maison, elle se trouve dans une position analogue à celle de l'esclave délinquant (2). Je dois donner caution *in solidum,* pour tout le dommage qu'elle peut occasionner, et non pas seulement jusqu'à concurrence du pécule, sans quoi le voisin menacé obtiendra l'ordre du préteur de la possé-der (*ut possidere liceat*).

SECTION III.

SUJET ACTIF DE L'ACTION *de peculio.*

92. Ce sont les créanciers de l'esclave, en vertu d'un contrat ou quasi-contrat, qui peuvent intenter l'action *de peculio.*

(1) L. 26, § 6, *De noxalibus act.* D.
(2) L. 7, § 1, *De damno infecto.* D.

Mais ce ne sont pas les créanciers étrangers seuls qui peuvent mettre cette action en exercice, car la loi 19, § 2, h. t., nous dit que l'usufruitier peut y avoir recours contre le propriétaire, lorsque celui-ci a retenu le pécule, et que l'usufruitier ne trouve plus de quoi se faire payer. Le nu-propriétaire peut aussi y avoir recours contre l'usufruitier : *Interdum et ipsi fructuario adversus dominum datur actio de peculio : ut puta si apud eum habeat peculium : apud ipsum verò aut nihil aut minus quam fructuario debetur. Idem etiam contra eveniet.*

Cependant, nous lisons dans ce même paragraphe, *quamvis in duobus dominis sufficiat pro socio, vel communi dividundo.* En présence de ces textes, on s'est demandé comment il se faisait que l'usufruitier eût l'action *de peculio* contre le nu-propriétaire, et réciproquement, tandis que cette action n'est pas accordée aux copropriétaires entre eux.

Et l'on a répondu qu'il fallait assimiler le cas où l'esclave a contracté avec un des maîtres, à celui où il a causé du dommage à l'un d'eux, et dire, dès-lors, qu'ils ne peuvent pas exercer entre eux l'action *de peculio*, de même qu'ils ne peuvent davantage, entre eux, exercer l'action noxale pour les délits, comme il résulte de la loi 26, § 1, *ad leg. Aquil.*, au Digeste.

Mais, pourquoi ne pas dire qu'il y a, entre eux, une espèce de société *inter se habent societatem*, et, qu'il est de principe que deux associés n'ont pas l'action *de peculio* l'un contre l'autre, *nam inter se agere socii de peculio non possunt* (1).

(1) L. 20, *De pecul.* D.

93. Celui qui a vendu un esclave ne peut pas avoir l'action *de peculio* contre le nouveau maitre pour la somme qu'il a prêtée à l'esclave avant de le vendre (1).

94. De même, celui qui ayant prêté de l'argent à un esclave étranger, l'a ensuite acheté, puis revendu, n'a point d'action contre l'acheteur (2).

Certains commentateurs, pour expliquer ce résultat, avaient dit que si le vendeur a retenu le pécule de l'esclave, il est censé l'avoir retenu en paiement; que, s'il a vendu l'esclave avec son pécule, il doit s'imputer de n'en avoir pas déduit ce qui lui était dû ; *verum hæc ratio non sufficit*, nous dit Pothier, car l'esclave vendu pouvait n'avoir point de pécule, et il ajoute : la véritable raison est donc que le contrat entre le maitre et l'esclave ne peut produire action civile ni honoraire (3).

95. Il est sans difficulté que le vendeur, ayant perdu tout droit à l'action *de peculio*, pour ce que lui devait l'esclave vendu, son héritier ne peut pas être admis à l'intenter; c'est, au reste, ce qui résulte de deux textes de Scœvola, L. 58, h. t., et surtout de la L. 54, h. t., où nous lisons : *Filiofamilias uni ex heredibus prædia prælegavit, ut instructa erant, cum servis : hi servi domini debitores fuerunt. Quæsitum est an cæteris heredibus adversus eum actio de peculio competat? Respondi non competat.* Et Pothier (4) ajoute, la raison en est évidente; le maitre, en effet, n'ayant aucune action en vertu des

---

(1) L. 27, § 4, *cod.*
(2) L. 27, § 5, *eod.*
(3) L. 44, *De oblig. et act.* D.
(4) Pothier, *Ad Pand.*, h. t. 48, note.

obligations naturelles de ses esclaves envers lui, n'en peut également transmettre aucune à ses héritiers.

96. Mais, il en est autrement si l'héritier n'a pas reçu du défunt son droit à l'action, mais l'a puisée dans une qualité personnelle, si, en un mot, il se trouve créancier à tout autre titre que celui d'héritier; c'est ce que décide la L. 29, h. t., où nous voyons que, si quelqu'un a donné la liberté à un esclave par testament et qu'il ait institué héritiers ceux qui avaient contracté avec l'esclave, les cohéritiers ont entre eux l'action *de peculio*, *quia*, ajoute Gaius, *de eo quisque peculio quod apud eum esset, quolibet alio agente tenetur*.

SECTION IV.

DU SUJET PASSIF DE L'ACTION DE *peculio*.

97. C'est contre le maître, à qui appartient le pécule de l'esclave qui a contracté, que doit être dirigée l'action *de peculio*. Et il importe peu, nous dit la loi 3, § 2, h. t., de quel sexe est l'esclave, *nam de peculio mulier convenietur*. Mais, comment cela? Est-ce que le S. C. Velléien ne défend pas aux femmes de s'engager pour autrui? Sans nul doute, mais ce S. C. excepte de sa prohibition le cas où la femme s'engage dans sa propre affaire; or, dans notre espèce, au cas où la femme esclave s'oblige pour son pécule, qui lui appartient, qui est sa chose, en quelque sorte, dont elle peut disposer, elle agit bien, en réalité, dans sa propre affaire.

98. L'action *de peculio*, suivant l'opinion du jurisconsulte Pédius, rapportée par Ulpien, est donnée contre le maître impubère, s'il a contracté, muni de l'autorisation de son tuteur (1).

99. Elle est encore donnée contre le curateur d'un furieux. L'esclave d'un furieux, en effet, peut avoir un pécule, car le pécule qui lui a été constitué pendant que le maître était sain d'esprit ne s'éteint pas par suite de la démence.

100. Pour savoir contre qui doit être dirigée l'action *de peculio*, il faut rechercher, non pas quel est le maître de l'esclave, mais quel en est le possesseur qui, en cette qualité, profite du pécule : *Nec magis dominium servorum esse spectandum, quàm facultatem habendi eos, ce* que Pothier (2) explique en ces termes : *Id est ut quis actione de peculio teneatur non tam spectatur an sit dominus servi quam an eum aliquo jure possideat unde aliquod peculium ad ipsum pertineat.*

Ce principe, au reste, ne doit pas nous étonner, car, si dans l'action noxale on s'attache plutôt à la *facultas habendi* qu'au *dominium*, à plus forte raison doit-il en être de même pour l'action *de peculio.*

Dès lors, cette action sera donnée contre tous ceux à qui appartient quelque partie du pécule, c'est-à-dire contre l'usufruitier, l'usager, le possesseur de bonne foi.

101. Lorsque l'esclave, qui a un pécule, et qui a contracté, appartient à deux copropriétaires, le créancier se trouve en présence de deux débiteurs tenus *in soli-*

(1) L. 5, § 3, *De pecul.*
(2) Pothier, *Ad pend. hoc tit.*, n° 34, not.

dum de l'action *de peculio*, il peut agir contre les deux à la fois ; mais, s'il n'agit que contre l'un, l'autre se trouve libéré par l'effet de la *litis contestatio*. Car, c'est la même obligation que le créancier ferait valoir ; c'est une question déjà déduite *in judicium*, qu'il reproduirait, si on lui permettait de pouvoir agir encore. Tout droit est donc désormais épuisé pour lui ; c'est là, dit M. Demangeat (1), la conséquence nécessaire de ce que la partie essentielle de la formule l'*intentio* doit toujours être rédigée en termes identiques, quelle que soit la personne à laquelle le créancier s'attaque.

102. Voici quelques espèces qui vont confirmer ces principes :

Supposons, avec Ulpien, qu'un esclave ayant contracté, soit affranchi, aliéné, ou vienne à mourir, que le maître lui-même meure aussi laissant plusieurs héritiers ; si le créancier actionne un des héritiers, nous devons nous demander si les autres héritiers seront libérés ? Et le jurisconsulte répond affirmativement ; mais, l'héritier actionné *in solidum* ne sera condamné, ajoute-t-il, que jusqu'à concurrence de la portion du pécule qui lui appartient. Et, Julien ne fait autre chose qu'exprimer ce même principe, lorsqu'il nous dit dans la loi 14, § 1, h. t. : *Item cum servus vivo domino mortuus est, deinde dominus intra annum plures heredes reliquit, et de peculio actio et deductionis jus scinditur.* On applique ici, nous dit M. Demangeat (2), des principes analogues à ceux qui sont suivis en matière d'hypothèque ; de même

(1) Demangeat, *Des obligations solidaires en droit romain,* p. 216.

(2) *Eod.,* p. 219.

que, si le propriétaire d'un bien hypothéqué vient à
mourir, chacun de ses héritiers détenteur est tenu,
hypothécairement, de toute la dette ; de même ici, le
maître tenu *de peculio*, étant venu à mourir, chacun de
ses héritiers peut être *poursuivi* (1) comme il aurait pu
l'être lui-même pour le total de l'obligation de l'esclave,
et, c'est seulement la condamnation, qui, contre l'héritier,
pourra n'être que d'une fraction de ce qu'elle aurait été
contre le défunt. Mais, quel que soit le chiffre de la
condamnation, comme l'obligation entière a été déduite
in judicium, il faut nécessairement arriver à la conséquence exprimée par Ulpien dans notre texte : *Omnes
heredes liberantur.*

Les mêmes principes doivent s'appliquer au cas où ce
sont deux usufruitiers ou deux possesseurs de bonne foi
qui ont le pécule. La loi 32, h. t. nous dit, en effet,
que si le créancier agit par l'action *de peculio* contre
l'un, quoiqu'il ne reçoive qu'une partie de la valeur du
pécule, l'autre sera néanmoins libéré. Aussi, le créancier,
dans ces diverses hypothèses, avait-il grand intérêt à se
faire donner action contre tous les détenteurs du pécule,
de manière à obtenir, par les diverses condamnations,
l'acquittement de sa créance, au moins jusqu'à concurrence du pécule.

Ces solutions, puisées aux sources du droit strict, ont
été corrigées par un tempérament d'équité. On a considéré que la libération doit résulter, non pas de la *litis
contestatio*, mais du paiement, *non electione unius, sed*

---

(1) En effet, l'action est née une et restée telle, *Arg. l. 1, § 24,
De exercit. act.*

solutione liberantur ; que le créancier qui avait traité avec l'esclave avait traité en vue du pécule tout entier, et, dès lors, sous l'influence de Tribonien, sans doute, on a ajouté à la loi 32 h. t. le correctif suivant (1) : *Sed licet hoc jure contingat, tamen æquitas dictat judicium, in eos dari qui occasione juris liberantur ut magis eos perceptio quam solutio liberet.*

102. Qu'arrivera-t-il si un esclave qui a un pécule a contracté avec un tiers et qu'il ait été vendu, le créancier actionnera-t-il le vendeur ou l'acheteur? La loi 27, § 3, nous répond d'une manière absolue que le créancier peut poursuivre pour partie et le vendeur et l'acheteur, ou poursuivre pour le tout un seul d'entre eux.

Mais Paul, dans la loi 17, § 3, rappelant l'avis des Proculiens, nous dit que si un créancier a obtenu une partie de sa créance contre l'acquéreur, il a une *actio utilis* pour le reste contre le vendeur. Il ajoute que, si les choses sont encore entières, il ne peut pas diviser son action de manière à poursuivre en même temps l'acheteur et le vendeur, parce que on fait assez pour lui, lorsque, tenant pour non avenue la première poursuite, on lui donne action contre un second débiteur, dans le cas où celui à qui il s'était attaqué ne l'a pas payé intégralement.

En présence de ces deux textes, Pothier (2) constate une divergence d'opinions entre les Sabiniens et les Proculiens ; après lui, M. Demangeat nous dit : il semble

(1) La latinité du Bas-Empire accuse ici la main du compilateur.
(2) Pothier, *Ad Pand.,* h. t. 43, note.

que les Proculiens paraissent exiger que les créanciers
s'attaquent d'abord à l'acheteur, de manière à n'avoir
qu'un recours subsidiaire contre le vendeur.

103. Remarquons que dans ces diverses hypothèses,
quoique actionné *in solidum*, chacun n'est tenu que
pour la part de pécule qu'il a entre les mains. Mais
lorsqu'on a contracté avec un esclave appartenant à deux
ou à plusieurs maîtres, on peut actionner *in solidum*
celui des maîtres qu'on voudra, et celui qu'on actionne
ne sera pas tenu seulement jusqu'à concurrence du pécule qu'il a entre les mains, comme dans le cas de plusieurs héritiers, mais encore de celui qui se trouve entre
les mains des autres maîtres. Et pourquoi cela ? parce
que, ajoute Gaius, la condamnation ne lui portera aucun
préjudice, puisqu'il pourra exercer un recours contre ses
associés, *judicio societatis vel communi dividundo* (1).
Aussi Pothier (2) nous dit-il : *Ita demum autem potest
quis conveniri non solum ratione peculii hujus quod apud
ipsum est, sed et hujus quod apud alterum est, si quam
actionem habeat qua possit hoc quod præstiterit, ab altero
consequi.*

104. Il faut donc établir en principe, qu'on ne peut
être tenu et du pécule qu'on a entre ses mains et de
celui qui se trouve entre celles des autres, qu'autant
qu'on a une action pour s'en faire indemniser ; cette
règle résulte des loi 27, § 8 ; loi 30, § 1, et loi 20, § 2,

---

(1) *De peculio*, D., l. 27, § 8.

(2) Poth., *Ad Pand.* 52.

de notre titre. On doit même ajouter, qu'il faut que cette action en recours soit efficace (1).

105. La loi 19, § 1 h. t. prévoit le cas où une femme apporte en dot à son mari un esclave. Le mari se trouve alors avoir un double droit sur son pécule, l'un qui provient de sa propre qualité, *nam quod ex re mariti quæsiit, vel ex operis suis id ad maritum pertinet*, l'autre qui provient de sa femme. Or, si on agit contre le mari soit à propos du contrat qui le concerne, soit à propos du pécule appartenant à sa femme, dans les deux cas l'action sera donnée contre lui *in solidum*, parce que, pendant le mariage, il est réellement propriétaire de l'un et de l'autre pécule.

CHAPITRE III.

ESTIMATION DU PÉCULE.

106. Le pécule, le patrimoine de l'esclave, voilà la garantie offerte aux créanciers, son estimation a pour eux une importance capitale, essayons de la bien fixer :

§ 1.

Temps auquel il faut se reporter pour estimer le pécule.

107. C'est à l'époque du jugement que nous devons

(1) L. 28, *De pecul.* D.

considérer le pécule pour en estimer la valeur : *æsti-matur peculium tempore rei judicatæ* (1).

Aussi, Ulpien se demande-t-il si, en supposant que, au moment où l'action *de peculio* est intentée, il n'y eût rien dans le pécule de l'esclave, mais qu'il s'y trouvât quelque chose au moment de la sentence, le maître doit être tenu de cette action, *etiamsi nihil sit in peculio?* Proculus et Pegasus répondent affirmativement, et Ulpien qui reproduit leur opinion se range à cette solution (2).

Si l'esclave est mort avant la sentence, c'est au moment de sa mort qu'il faut se reporter pour estimer le pécule (3).

S'il a reçu la liberté et qu'on lui ait laissé le pécule, c'est au moment de l'adition d'hérédité que la valeur en sera fixée (4), parce que, c'est alors qu'il devient libre ; aussi, jusqu'à cette époque, toute augmentation de pécule de quelque manière qu'elle se produise *ex re peculiari vel extrinseca* deviendra le gage des créanciers de ce pécule.

108. Lorsqu'on a légué le pécule d'un esclave à un étranger, la question est de savoir quelle a été la volonté du testateur, et la loi 57, § 2, h. t., nous dit qu'il est probable qu'il a voulu léguer le pécule, tel qu'il était au moment de sa mort, en y ajoutant les accroissements provenant des objets du pécule, *veluti partus ancillarum, fœtus pecorum* qui pourront se produire avant l'adition. Mais si l'esclave acquiert quelque chose *ex operis suis,*

(1) Pothier, *Ad Pand.* 54.
(2) L. 50, *De pecul.* D,
(3) L. 57, *In pr.*, *eod.*
(4) L. 57, § 1, *eod.*

ou s'il reçoit quelque donation, le légataire n'en profitera
pas.

Mais, quelle est la raison de la différence que nous
venons de signaler entre le cas où le pécule est légué à
l'esclave et celui où il est légué à un étranger? Ulpien (1),
après Julien, nous la donne en disant : *cum enim ipsi
suum peculium legatur, verisimile est, cum omne augmen-
tum ad ipsum pertinere voluisse, cui patrimonium manumisso futurum est; cum alii non sic.* Rappelons-nous d'ailleurs que le *dies cedit* pour le legs du pécule fait à son
esclave, en l'affranchissant ou en le léguant à un tiers,
n'a lieu qu'à l'adition d'hérédité (voy. Instit., II, 20,
§ 20), autrement le legs profiterait à l'hérédité. (L. 91,
§ 6, *de legat.*; L. 8, *quandò dies leg.*)

§ 2.

Influence du dol du maître sur l'estimation du pécule.

109. On doit tenir compte de la partie disparue par
suite du dol, de la mauvaise foi du maître, dans l'estimation du pécule ; c'est ce qui arrivera, lorsqu'il aura donné
le pécule à quelqu'un, lorsqu'il l'aura grevé de dettes,
lorsqu'il l'aura supprimé par fraude, ou lorsque, enfin,
comme le dit Méla, il aura souffert que l'esclave l'obérât
au préjudice de ses créanciers (2).

Toutefois, s'il s'en est servi pour acquitter les dettes, il

(1) L. 8, *De peculio legato*, § 8. D.
(2) L. 21, *in Pr. de pecul.*

n'est pas censé avoir commis de dol, quoique le pécule en ait éprouvé une diminution, parce que chaque créancier doit veiller à ses intérêts, et a le droit de se faire payer (1).

110. La loi 30, § 6 de notre titre, nous dit qu'il faut considérer l'époque à laquelle le dol qu'on oppose a été pratiqué par le maître, *in dolo objiciendo temporis ratio habetur*, car, il peut arriver, ajoute le texte, que le préteur ne permette pas au créancier d'opposer la mauvaise foi du maître, le temps pour intenter l'action de dol étant passé; il y a, en effet, un délai fixe après lequel l'action *de dolo* ne peut plus être mise en exercice. Nous savons que l'action *de dolo* ne durait d'abord qu'une année (2), qu'elle fut étendue par Constantin à 2 ans (3). Mais, nous savons, d'un autre côté, qu'on peut se servir de l'exception de dol à toute époque (4), *temporalia ad agendum perpetua ad excepiendum*. Que signifie alors notre texte, lorsqu'il nous dit: *In dolo objiciendo temporis ratio habetur?* Il ne signifie pas évidemment qu'on met en exercice l'exception de dol, puisqu'elle est perpétuelle. Il veut dire, que si le créancier intente l'action *de peculio*, et qu'on lui oppose une *exceptio*, le préteur n'admettra pas la *replicatio doli*, pas plus qu'il n'admettrait l'action de dol en pareil cas, après l'année utile. La réplique doit être assimilée à l'action elle-même, c'est-à-dire qu'elle ne peut durer que le temps que dure l'ac ·

(1) L. 43-21, *cod.*
(2) L. 29, *De dolo malo.* D.; L. 17, *cod.*; L. 26, *cod.*; L. 28, *cod.*
(3) C. *De dol.*, L. *fin.*
(4) L. 5, § 6, *De doli mali et met. exceptione.* D.

tion. Cette solution nous paraît bien acceptable, mais
une constitution au Code *de except.*, Const. 6, vient la
contrarier, car elle semble statuer que la réplique est
perpétuelle. Pour détruire la portée de cette Const. 6,
ne pouvons-nous pas dire, que le mot réplique est impro-
pre, inexact, qu'il a été employé pour *exception*, comme
l'indiquent les mots *exceptione*, *replicare* du texte. En
effet, aucune des raisons qui tendaient à faire perpé-
tuelles les exceptions de dol ne s'appliquent au demandeur qui a eu tort de ne pas agir à temps. Donc, là où il
n'y a plus d'action de dol, la réplique est inadmissible,
de même où il n'y a plus d'action *de peculio*, plus de
réplique de dol.

111. Le dol doit être personnel au maître ; si, par
conséquent, il ne vient pas de lui, il n'a absolument
rien à craindre. L'acheteur n'est donc pas tenu du dol
du vendeur, ni l'héritier de celui du défunt (1).

112. Un maître a diminué le pécule par son dol, un
créancier du pécule l'actionne en faisant valoir le dol
qu'il a commis, le maître paie ; on se demande, si les autres créanciers peuvent ensuite le poursuivre *ex eadem
causa*, c'est-à-dire pour le même dol, et la loi 26 h. t. répond négativement : *Si semel ex ea causa, id est, quod dolo
fecerit dominus præstiterit de peculio conventus cæteris ex
eadem causa nihil præstabit.* Et cela en vertu des lois 17,
de reg. jur., D ; 18, *de verborum obligation.* ; 11, § 3,
de peculio.

113. Enfin, nous voyons dans cette même loi 26,
h. t., que si l'esclave doit à son maître une somme égale

---

(1) L. 21, § 2, *de pecul.* D.

à celle dont son dol a diminué le pécule, il ne sera pas condamné, parce qu'il n'a fait qu'user de son droit de déduction.

§ 3.

Des créances.

114. Le pécule de l'esclave comprend des créances sur des tiers; le maître, s'il est actionné, ne devra pas être tenu jusqu'à concurrence de ces créances, et cela parce que le paiement en est peut-être incertain, parce qu'il y a des frais à faire pour contraindre les débiteurs à payer, parce qu'il y a des délais accordés à ceux qui sont condamnés, parce qu'enfin, la vente des biens et autres circonstances peuvent occasionner des retards; autant de causes qui feront éprouver un dommage au maître, puisqu'il serait obligé de payer, et de payer immédiatement ce dont il ne sera remboursé que plus tard, ou peut-être jamais. Il lui suffit, pour se libérer, de céder les actions, *ergò si paratus sit actiones mandare absolvetur.*

CHAPITRE IV.

DES DÉDUCTIONS.

§ 1.

Qui peut opérer la déduction.

115. Le principe qui domine en matière de pécule, c'est que le pécule s'estime, déduction faite de ce que

l'esclave doit à son maître : *peculium*, nous dit la l. 9, § 2, h. t., *deducto quod domino debetur computandum est*. Si donc le maître est actionné *de peculio* par les créanciers du pécule de l'esclave, il aura le droit de se payer lui-même sur le pécule, par mode de prélèvement, de tout ce qui pourrait lui-être dû par l'esclave. Mais quelle est la raison qui a fait admettre ce principe ?

C'est qu'ici les tiers n'ont pas, comme dans les actions *institoria*, *exercitoria*, *quod jussu*, suivi la foi du maître.

C'est que le maître est propriétaire et possesseur du pécule, *incumbit pignori*.

C'est que le maître, enfin, n'a pas, comme les tiers, d'action contre son esclave, il ne peut pas obtenir contre lui condamnation.

Telles sont les raisons qui expliquent ce privilège accordé au maître sur le pécule de son esclave, de prélever le montant de ses créances et de primer tous les autres créanciers du pécule, lorsqu'il est actionné *de peculio*.

116. Mais les textes vont plus loin, et la l. 9 § 5, h. t. établit que le créancier de l'esclave qui est devenu héritier du maître a le droit de déduire du pécule ce que l'esclave lui devait s'il est actionné *de peculio*, et cela a lieu, que l'esclave ait reçu ou non la liberté par le testament, qu'il ait été légué purement et simplement ou sous condition. Et cependant, chose à remarquer, c'est que l'esclave ayant été légué purement et simplement, l'héritier n'en a jamais été le maître, le doute sur ce point n'est pas, néanmoins, possible ; Ulpien, pour le décider ainsi, s'appuie, lui-même, sur l'opinion de Julien.

117. On pourrait croire que, lorsque le créancier du pécule succède au maître, l'obligation de l'esclave à son

égard devrait s'éteindre. Mais, il n'en est rien, parce que le maître auquel succède le créancier est considéré comme un fidéjusseur (1), et nullement, comme un débiteur principal, et dès lors la confusion ne peut se produire.

118. Le maître peut déduire du pécule ce qui est dû à ceux qui sont sous sa puissance, *quoniam hoc quoque domino deberi nemo ambigit* (2), cependant cela souffre exception lorsque l'esclave ordinaire est débiteur de l'esclave vicaire. Le pécule, en effet, se trouve, alors, tout à la fois créancier et débiteur, et par conséquent, vis-à-vis des créanciers de l'esclave ordinaire, il n'est ni augmenté ni diminué du montant de cette obligation. Quant aux créanciers de l'esclave vicaire, à leur égard le pécule du *vicarius* est grossi, sans nul doute, de la créance qu'il a sur *l'ordinarius*.

119. Les jurisconsultes romains admettaient qu'on devait déduire du pécule, non-seulement ce qui était dû au maître, mais encore ce qui était dû à celui qui se trouvait sous sa tutelle ou dont il avait géré les affaires (3).

120. Lorsqu'un associé est actionné *de peculio*, il doit s'opérer alors une déduction, tout à la fois à son profit, et même au profit de son co-associé; *nam*, nous dit Ulpien (4), *qua ratione in solidum alteruter convenitur pari ratione deducere cum oportet quod alteri debetur.* Donc, puisque on peut actionner chaque associé, même pour le pécule qu'il ne détient pas, il est juste que la déduction se fasse, même pour la dette de celui qui n'est

(1) L. 49, *In pr. de verborum obligat.* D.
(2) L. 9, § 5, *De pecul.*
(3) L. 3, § 4, *eod.*
(4) L. 11, § 9, *eod*

pas directement actionné *de peculio.* C'est ce que Julien admet dans la loi 12, h. t.

121. Mais, ce même résultat ne se produira pas entre le vendeur et l'acheteur, le propriétaire et l'usufruitier, le propriétaire et l'acquéreur de bonne foi ; ni entre cohéritiers, aucun d'eux ne doit déduire ce qui est dû à l'autre (1), *quia neuter tenetur nisi de suo peculio, non de peculio quod ad alterum pertinet* (2).

122. Il ne se produira pas davantage entre deux usufruitiers, deux possesseurs de bonne foi, et cela, nous dit la loi 15, *quia nullam inter se habent societatem.*

§ 2.

Dettes qui donnent lieu à la déduction.

123. Le maître peut opérer la déduction pour toute dette que l'esclave aura contractée envers lui.

Ces dettes peuvent résulter des contrats ou quasi-contrats, des délits ou quasi-délits.

A. Dettes résultant des contrats ou quasi-contrats.

Le maître déduira, porte la loi 9, § 6, h. t., ce que l'esclave lui doit, soit en vertu d'un contrat, soit en vertu

(1) L. 15, *eod.*
(2) Pothier, *Ad Pand.* 64, note.

d'un reliqual de comptes ; *sive autem ex contractu quid domino debeatur sive ex rationum reliquis deducet dominus.*

124. Si l'esclave s'est engagé à payer pour un tiers une somme due à son maître, il devient son débiteur par cette opération, et le maître, s'il est actionné *de peculio*, pourra opérer sur le pécule, la déduction de cette somme, sans que, néanmoins, le débiteur primitif cesse d'être débiteur du maître ; car ce débiteur est devenu le débiteur de l'esclave, soit par suite d'un mandat, soit par suite d'une gestion d'affaire, et, par conséquent, celui du maître (1).

125. Si le maître s'est engagé à payer quelque chose pour son esclave, il pourra encore en opérer la déduction (2).

126. Le maître déduira du pécule ce qu'il aurait payé pour l'esclave et ce qui lui aurait été prêté sur son ordre, à moins toutefois qu'il n'en ait profité.

127. Si le maître s'est porté caution pour la dette de son esclave, Julien nous dit qu'il peut déduire l'objet du cautionnement. Marcellus nous dit que, s'il n'a encore rien payé, il vaut mieux, pour les créanciers, garantir le maître contre toute demande qui tôt ou tard pourrait lui être faite, que de permettre à celui-ci d'opérer immédiatement la déduction, car le créancier se trouverait par là privé d'une partie de ses intérêts (3).

128. Lorsqu'un esclave a exigé une somme due à son maître, s'est-il rendu débiteur envers lui ? Ulpien repro-

(1) L. 56, *De pecul.* D.
(2) L. 11, § 1, *eod.*
(3) L. 9, § 8, *eod.*

duisant l'opinion de Julien prétend que l'esclave ne sera pas débiteur du maître, que, par conséquent, celui-ci ne sera autorisé à opérer la déduction, qu'autant qu'il aura ratifié le paiement (1).

129. Si le maître, par suite de l'action noxale intentée contre lui, a payé l'estimation du dommage, il pourra en déduire le montant sur le pécule. Mais s'il a abandonné l'esclave, s'il a fait l'abandon noxal, il ne pourra rien déduire sur le pécule (2).

130. L'esclave qui a géré les affaires du maître, à son insu, sera censé être son débiteur, absolument comme s'il eût été libre quand il les a gérées (3).

B. *Dettes résultant des délits ou quasi-délits.*

131. Le maître actionné *de peculio*, déduira du pécule ce que l'esclave lui doit par suite de son délit. Si, par conséquent, un esclave a commis un vol au préjudice de son maître, celui-ci pourra opérer la déduction. Mais déduira-t-il purement et simplement la valeur de la chose volée, ou bien déduira-i-il tout à la fois cette valeur, plus tout ce qui pourrait résulter de l'*actio furti*, en considérant l'esclave comme appartenant à un étranger? Ulpien, après avoir posé cette question, la résout en disant, que le maître déduira seulement la valeur de

(2) L. 11, § 2, *cod.*
(3) L. 11, *cod.*
(4) L. 49, § 1, *cod.*

la chose volée : *Sed prior sententia verior est, ut ipsa furti æstimatio sola deducatur* (1).

132. Si l'esclave a participé, comme complice, au vol commis au préjudice du maître, le maître, s'il n'a pu se faire restituer par le voleur, opérera la déduction sur le pécule de l'esclave (2), parce que, ainsi que nous le verrons plus tard, on ne peut opérer la déduction, qu'autant qu'on n'a plus aucun autre moyen pour se faire payer ; ce n'est donc, qu'en intentant contre le voleur soit l'action *ad exhibendum*, soit la vendication, soit la *condictio furtiva*, qu'on aura épuisé tous les moyens et qu'il sera dès lors permis d'opérer la déduction sur le pécule de l'esclave, complice du vol.

Mais ici se présente une difficulté ; en vertu de quel titre le maître, dont l'esclave a été complice d'un vol, pourra-t-il opérer la déduction ? Nous avons dit, en effet, que le maître ne peut déduire en vertu de l'*actio furti*. Sera-ce, alors, en vertu de la *condictio furtiva*, comme cela arrive lorsque l'esclave est lui-même l'auteur du vol (3) ? Mais la loi 6, *de cond. furt.*, s'y oppose formellement ; elle porte : *Proinde etsi ope consiliove alicujus furtum factum sit condictione non tenebitur*, c'est-à-dire que le complice du vol n'est pas tenu de la condiction furtive.

Pour expliquer cette antinomie, il faut admettre, avec Accurse, que la loi 4, § 4, *de peculio*, suppose que la chose volée a profité au complice, que la loi 6, *de cond. furt.*, suppose le contraire.

(1) L. 9, § 6, *cod.*
(2) L. 4, § 4, *cod.*
(3) L. 9, § 6, *cod.*

Ou bien encore, que dans la loi 4 on agit par voie d'exception, dans la loi 6 par voie d'action.

133. Quand un esclave héréditaire a soustrait des objets appartenant à l'hérédité, l'héritier peut opérer la déduction de leur valeur sur le pécule (1).

134. Si l'esclave se blesse lui-même, le dommage qu'en éprouve le maître ne crée point, à son profit, une obligation : *Licet enim*, nous dit Ulpien, *etiam servus naturaliter in suum corpus sævire*. Mais, si le maître s'est occupé de sa guérison, lui a fait donner des soins, il faudra dire alors que l'esclave est obligé jusqu'à concurrence des dépenses que le maître a faites pour lui. Il en serait tout autrement, si la maladie de l'esclave n'était pas le résultat de sa faute, de sa mauvaise action (2), car le maître est tenu de soigner son esclave malade.

§ 3

Droit de préférence attaché à la créance du maître.

135. La créance du maître prime toutes les autres, même celles qui, elles-mêmes, jouissent d'un privilége; elle est la première en rang. En effet, la loi 52, h. t., nous offre un exemple remarquable de ce principe : elle suppose que mon esclave étant mon débiteur de dix, somme qui composait tout son pécule, a pris la fuite; qu'il a alors administré comme libre la tutelle d'un pupille, et que, par suite de sa mauvaise administration, il est

_____

(1) L. 27, § 1, *eod.*
(2) L. 9, § 7, *eod.*

devenu débiteur du pupille pour la somme de dix, qu'il est enfin rentré sous ma puissance.

Eh bien ! en présence de cette hypothèse, Paul se demande : 1° Si, lorsque le pupille intentera l'action *de peculio* contre moi, le maître de l'esclave, je pourrai déduire ce qui m'est dû. Il répond affirmativement : *Respondi*, nous dit-il, *nullum privilegium præponi patri vel domino potest cum ex persona filii vel servi de peculio conveniuntur*, ce qui est parfaitement juste, à moins que les créanciers ne soient créanciers gagistes (1).

2° S'il importe que l'esclave soit devenu mon débiteur pendant le temps où il agissait comme libre, ou depuis ; et il répond qu'il n'y a aucun intérêt à faire cette distinction ; que, dans les deux cas, je puis, moi, le maître, opérer la déduction pour ce qui m'est dû : *Nam etsi Titii servo credidero ejusque dominus esse cœpero, deducam quod prius credidi, si conveniri de peculio cœpero.*

136. S'il est vrai que la créance du maître prime toutes les autres, il faut remarquer que, une fois cette déduction opérée, les autres créances qui ont un privilége, doivent s'exercer selon leur rang. Aussi, la loi 52, h. t., porte-t-elle que, lorsque l'esclave sera tenu par suite de l'administration d'une tutelle, on devra, jusqu'au jour où le pupille sera désintéressé, refuser l'action aux autres créanciers, parce que dans l'action *de peculio*, on applique la maxime : *Occupantis melior est conditio* ; et celui qui a été payé n'a pas à restituer aux autres créanciers.

137. Remarquons, comme nous l'avons déjà mentionné, que le maître ne peut procéder par la déduction,

----

(1) L. 5, § 8, *De tribut. action.* D.

pour se faire payer, que lorsqu'il n'a pas eu ou n'a pas d'autres moyens à sa disposition pour arriver à l'acquittement de sa créance. C'est ce que dit Ulpien, dans la loi 11, § 6, h. t. : *Quod autem deduci deberé diximus id quod debetur ei de peculio convenitur, ita accipiendum est si non hoc aliunde consequi potuit.*

Ce qui se trouve également consacré par la loi 11, § 7, h. t. Julien dit que, si j'ai vendu un esclave avec son pécule, et, si l'on vient à intenter contre moi l'action *de peculio*, je ne pourrai pas alors déduire ce qui m'est dû, parce que j'avais un moyen de me payer; c'était de distraire, dans le compte du pécule, ce qui m'était dû, et de pouvoir, maintenant, exercer la *condictio indebiti* contre l'acheteur, ma créance n'ayant pas dû faire partie du pécule vendu.

138. Voici un cas, cependant, où le créancier, quoique ayant un autre moyen pour se faire payer, peut, néanmoins, opérer la déduction : Titius était tenu envers moi, *de peculio*, par suite du contrat de son esclave; j'ai acheté l'esclave; si je suis poursuivi par l'action *de peculio* par les créanciers, puis-je opérer la déduction, puisqu'il me reste contre le vendeur Titius l'action *de peculio?* et Ulpien répond affirmativement, parce que le créancier, pouvant intenter son action soit contre le vendeur, soit contre l'acheteur, je puis, moi-même, créancier, opter entre l'action contre le vendeur et la déduction (la déduction remplace ici l'action contre l'acheteur. C'est comme si je m'actionnais moi-même).

139. Ce qui a été déduit une première fois ne peut pas l'être une seconde. Ce principe ressort du § 3 de la loi 11, h. t., où Ulpien nous dit : *est autem questionis an*

*id quod dominus semel deduxit cum conveniretur,
rursus si conveniatur de peculio eximere debeat,* et à
cette question, s'appuyant sur l'autorité de Nératius,
Nerva et Julien, il répond que, si le maître a retranché sa créance du péculo, il ne peut plus la déduire,
bona fides non patitur. ut bis idem exigatur (1). Mais,
s'il a laissé le pécule intact, c'est-à-dire s'il n'en a pas
retranché le montant de sa créance, il pourra opérer la déduction. Ce dernier principe se trouve con-
firmé par le § 4 de la loi 11, h. t. Voici ce que nous
y voyons : Un maître à qui il était dû *cinq* par son
esclave a déduit de son pécule un esclave vicaire
pour cette même somme de cinq. Plus tard, le vicaire
vient à mourir; si l'esclave ordinaire en a acheté un
autre de même nature, ce nouvel esclave acheté sera
toujours dû au maître, à moins que celui-ci n'eût
retranché du pécule le premier vicaire, car alors il y
aurait eu paiement, et c'est pour le maître qu'il aurait
péri.

140. Il faut donc bien distinguer la déduction du
retranchement. La déduction a lieu, lorsqu'on laisse dans
le pécule l'objet prélevé; le retranchement, lorsqu'on l'en
retire; il y a paiement dans le deuxième cas, non, dans
le premier.

---

(1) L. 87, *De regul. jur.* D.

CHAPITRE V.

QUAND L'ACTION *de peculio* EST ANNALE.

141. Voici quels sont les termes de l'édit du préteur: *Post mortem ejus, qui in alterius potestate fuerit, posteave, quum is emancipatus, manumissus alienatusve fuerit, duntaxat de peculio, et si quid dolo malo ejus, in cujus potestate est, factum erit, quo minus peculii esset in anno, quo primum de ea re experiundi potestas erit, judicium dabo.*

Tant que l'esclave est sous la puissance de son maître, l'action *de peculio* est perpétuelle, mais, le jour où il se produit chez lui un changement d'état par suite de sa mort, de son affranchissement, de son aliénation, cette action devient temporaire, c'est-à-dire qu'elle ne dure plus qu'une année (1). C'est qu'alors le pécule s'éteignait et qu'il était bien suffisant, pour garantir les intérêts des créanciers, de faire subsister l'obligation pendant une année.

142. Mais cette année est une année utile, donc elle ne commence pas à courir du jour de la mort, de l'affranchissement, de l'aliénation de l'esclave, mais bien du jour où les créanciers ont pu agir. *Et ideo* porte la loi 1, § 2, h. t., *etsi conditionalis sit obligatio, Julianus scripsit, ex eo computandum annum, non ex quo*

_____

(2) L. 1, § 1, *Quando de peculio annalis est.* D.

emancipatus est sed ex quo peti potuit conditione existente.

143. Cependant, si l'action était de nature à durer moins d'un an du vivant de l'esclave, il ne faudrait pas dire qu'après sa mort elle pourra durer une année. Non, elle aura seulement la durée du temps qui reste à courir. C'est ce que décide, en effet, la loi 2, h. t., à propos du fils de famille, et nous pouvons appliquer les mêmes règles au cas où il s'agit d'un esclave ; voici le texte : *Quum post mortem filii familias annua adversus patrem actio est quemadmodum adversus eum esset perpetua vivo filio : ideo si ex causa redhibitionis erat de peculio actio sex mensium erit post mortem filii. Idemque dicendum in omnibus temporalibus actionibus.*

144. Le possesseur de bonne foi, l'usufruitier sont également tenus de l'action *de peculio* pendant une année utile : *usufructu quoque extincto intra annum actionem dandam in usufructuarium, Pomponius, lib. 61, scripsit(1).* Lorsqu'un esclave est affranchi par testament, l'héritier est également tenu. L'acheteur, le légataire, le donataire sont aussi tenus de l'action *de peculio* pendant une année utile, lorsqu'ils sont détenteurs du pécule.

145. Il pourra se présenter quelquefois, dans la pratique, des difficultés, sur la question de savoir si l'on a retenu ou non le pécule en aliénant l'esclave, et, par conséquent, si l'on doit être ou non soumis à cette action annale du pécule.

146. Les textes, sur ce point, citent quelques espèces, quelques cas d'application ; ils nous disent, par exemple,

(1) L. 1, § 9, eod.

que, si quelqu'un vendant son esclave s'est fait payer une somme représentative du pécule, il est censé avoir retenu le pécule puisqu'il en a le prix (1).

Mais il n'en est pas de même dans le cas où on a retenu les objets dont se composait le pécule (2), parce que le pécule est un patrimoine, une *universitas juris* qui existe indépendamment de tout objet, comme cela résulte de la loi 4, § 5, h. t.

Les textes nous disent encore que si le maître a vendu son esclave avec son pécule, sans déterminer d'une manière expresse le prix du pécule, l'action annale n'aura pas lieu contre lui, parce que, comme nous le dit Nératius, *neque hoc pretium servi peculium est* (3).

117. Il s'était même élevé des dissentiments sur certains points ; ainsi, en comparant la loi 35 *de peculio* avec la loi 1, § 7 *quando de peculio annalis*, nous rencontrons une divergence d'opinions entre les deux sectes de jurisconsultes. Selon les Proculiens, dont Javolénus, auteur de la loi 35, acceptait les principes, l'héritier chargé de remettre le pécule moyennant une somme qu'il a reçue à cet effet, n'est pas censé l'avoir retenu, et, par conséquent, est affranchi de l'action.

Les Sabiniens pensaient le contraire ; ils prétendaient que l'héritier était tenu de l'action annale du pécule, alors même que l'héritier n'aurait rien reçu pour opérer la restitution du pécule, *quia peculium penes eum sit, qui tradendo in legatario se liberavit ;* mais cette opinion

(1) L. 35, *De peculio.* D.
(2) L. 34, *ibid.*
(3) L. 52, § 2, *cod.*

des Sabiniens repose, comme le fait remarquer Pothier, sur une pure subtilité : l'héritier, disaient-ils, qui délivre le pécule au légataire, se libère, à l'égard de celui-ci, de son obligation. Or, c'est s'enrichir que de se libérer. Donc, il est censé avoir retenu ce qu'il a payé puisqu'il s'est enrichi d'autant.

148. Quoi qu'il en soit, c'est contre celui qui sera détenteur du pécule que le préteur donnera l'action annale du pécule, que le détenteur soit le vendeur, l'acheteur, le donataire, l'héritier, le légataire, l'usufruitier, le possesseur de bonne foi, il n'importe, pourvu que le pécule soit entre ses mains.

est bien évident que le servage dut prendre de l'extension, et que c'est là que se recrutèrent les serviteurs,
c'est-à-dire cette classe de gens attachés à la personne
du seigneur et au service de toutes ses volontés.

Mais la féodalité exerça sur eux une influence assez
singulière, et que nous devons noter ici : c'est qu'elle
ennoblit certains services rendus à la personne du
seigneur, d'où l'origine des pages, des varlets, des
écuyers (1); les autres restèrent abandonnés aux personnes viles.

24. Plus tard, la bourgeoisie, en grandissant par le
commerce, l'industrie, les richesses, eut aussi ses serviteurs, mais ce fut parmi les hommes libres qu'elle les
recruta. Dès lors, les règlements de police s'occupèrent
sérieusement de leur surveillance.

L'article 38, de l'ordonnance donnée par François Ier,
en décembre 1540, à Fontainebleau, faisait défense à
toute personne de se servir de gens inconnus, sous
peine de répondre civilement des crimes et délits commis
pendant le temps de leur service.

L'ordonnance de Charles IX, du 21 février 1565,
portait que les domestiques ne seraient reçus en service,
sans faire apparoir de quelque part, maison et lieu d'où
ils sont sortis, et l'occasion de leur congé.

Une autre ordonnance du même prince, donnée à
Fontainebleau, le 25 mars 1567, faisait défense à tout
particulier de recevoir aucun domestique sortant d'une
maison, sans s'être informé s'il avait eu congé et pour
quelle raison il était sorti, à peine de 20 livres d'amende.

(1) M. Troplong, *Du louage*, t. III, no 844.

7

Enfin, aux termes d'une ordonnance du lieutenant général de police de Paris, en date du 16 octobre 1720, aucune personne ne pouvait se mettre en service dans la ville ou faubourgs de Paris sans déclarer auparavant, et par écrit, au maître, le lieu de sa naissance, et s'il avait déjà servi à Paris ; et, dans le cas où il avait servi, il était tenu, avant d'être reçu domestique d'un nouveau maître, de représenter un certificat ou une attestation par écrit du dernier maître qu'il avait servi, contenant la cause, occasion et raison pour laquelle il avait été congédié.

25. Mais les lois pénales vont encore plus loin : Pierre Cressel, convaincu d'avoir proféré des paroles injurieuses et calomnieuses contre l'honneur et la réputation de la dame ***, dont il était le valet de chambre, a été condamné, par arrêt rendu le 9 septembre 1722, à être attaché au carcan, à la Croix-Rouge, ayant écriteau devant et derrière, portant ces mots : Valet de chambre insolent.... : ce fait, banni pour 3 ans, condamné en 10 livres d'amende envers son maître et sa maîtresse.

26. En présence de ces faits, nous n'avons pas à nous étonner que la Convention nationale ait proclamé que la loi ne connait point de domesticité ; qu'il ne peut exister qu'un engagement de soins et de reconnaissance entre l'homme qui travaille et celui qui l'emploie (1). Ce n'était point là, comme on l'a dit, s'écrie M. Clamageran (2), proclamer une utopie, c'était protes-

(1) *Déclaration des droits,* art. 18.
(2) *Loc. cit.*, p. 86.

ter contre un régime qui rappelait encore les vieilles traditions de l'esclavage ; c'était déclarer qu'entre celui qui donne ses services et celui qui les reçoit, il n'y a d'autre inégalité que celle qui résulte de leurs conventions réciproques et des engagements qu'elles engendrent.

27. Toutefois il ne suffisait pas de frapper cette classe de gens qui louaient leurs services par des lois de surveillance et de répression, par une pénalité rigoureuse, il fallait encore et surtout régler leurs conventions ; c'est ce qu'on fit. Etudions rapidement les points essentiels de notre ancienne jurisprudence sur le louage de services.

Du contrat de louage de services, sous notre ancienne jurisprudence.

28. La preuve de l'existence du contrat de louage de services est soumise aux règles ordinaires, mais le serment du maître suffit lorsqu'il s'agit du paiement des gages ou des avances qui ont été faites à l'ouvrier ou au serviteur (1).

29. La résolution du contrat peut résulter :

1° *De la force majeure.* — Pothier nous dit, lorsqu'un ouvrier ou serviteur a loué ses services à un maître, si, par une force majeure, ces services n'ont pu être rendus, le maître doit être déchargé du prix desdits services.

(1) Arrêt du Parlement d'Aix, du 1er avril 1667. — Arrêts du Parlement de Paris, du 8 août 1708 et du 4 décembre 1764.

Mais, si c'est par la faute du maître que le contrat ne peut pas recevoir son exécution entière, le salaire est dû. Si le maître, continue Pothier, ayant pris plus de vendangeuses qu'il ne lui en fallait, la vendange finit plusieurs heures avant la fin de la journée, et que, n'ayant plus de quoi les occuper, il soit obligé de les renvoyer, il ne doit pas pour cela leur faire aucune diminution sur le prix de leur journée, car, dans ce cas-ci, c'est par le propre fait du maître à qui ces vendangeuses ont loué leurs services, qu'elles n'achèvent pas leur journée.

Enfin, à l'égard des ouvriers ou serviteurs qui louent leurs services pour une année, un mois ou pour quelque autre temps limité, s'il leur survient une maladie qui les empêche de les rendre pendant une partie du temps pour lequel ils sont loués, le maître est bien fondé à leur diminuer une partie du prix de leurs services, au prorata du temps que la maladie les a empêchés de les rendre (1).

Toutefois, une légère indisposition qui aurait empêché un serviteur ou un ouvrier de rendre service à son maître pendant quelques jours dans une année, ne doit faire obtenir au maître aucune diminution sur l'année des gages qu'il lui doit ; le maître a dû compter en quelque façon là-dessus, y ayant peu de personnes qui n'aient quelque légère indisposition dans le cours d'une année (2).

Malgré cette doctrine, qui était aussi acceptée par Ferrière et Bartole, la jurisprudence se montrait plus large dans ses appréciations, plus favorable aux ouvriers

(1) Pothier, *du louage*, n° 168.
(2) Pothier, *loc. cit. eod.*

et serviteurs ; elle décidait, en général, qu'on ne devait pas déduire le temps de la maladie (1).

(1) Louis le Grand, en 1737, dans son commentaire sur la *Coutume de Troyes*, art. 200, nous dit : Etant aussi à observer que le maitre ne pense déduire à son serviteur le temps de la maladie qui l'a empêché de rendre service ; et il cite à l'appui de son opinion des arrêts de 1415, 1483, 1556.

Charondas, répondant à cette question : Si le mercenaire, qui s'est loué un an pour travailler, le temps qu'il a été malade doit être compté en l'an ou déduit. — Commentait ainsi, en 1605, l'arrêt de 1556 : J'adiousteray cette question en faveur des pauvres mercenaires, desquels la cause est tant favorable, et pour aduertir les juges de leur deuoir, qui voulans trop presidialiser abusent de l'autorité souueraine, qui leur est attribué. Car, la Cour de Parlement aurait prins cognoissance de l'appel, pour l'abus qui auait été commis par les juges d'auoir faict et mis au greffe deux dictons contraires en la cause qui estoit entre le pauure mercenaire et un riche marchand, ayans en faueur de cesluicy changé le jugement premier, donné pour le pauure : Contre le deuoir d'un juge, tant bien déclaré par les jurisconsultes, in L. 42, § 55, *De re judic.* — Le faict estait, le mercenaire loué à certain prix pour toute l'année, tombe en maladie, de laquelle il est detenu deux mois, à raison de quel temps celuy qui l'auoit loué, vient deduire du prix convenu, et se fonde sur l'opinion de quelques docteurs : Bar. in L. *si uno*, § *item cum quidem et locati* § *alii; in* L. *diem functo*, D. *de offic. adsesso. Canonistæ in cap. propter sterilitatem ext. locati.* — Mais, l'équité est pour le mercenaire, fondée en charité, qui est l'âme de la société humaine, et sur ce que Paulus jurisconsultus, en a escrit *in L. cum heres*, § *Stichus si heredi meo, de statu lib.* — *Sed etsi (inquit) quibusdam dictis aut valetudo, aut alia justa causa impedimento fuerit, quominus serviat, et hi anno imputandi sunt, servire eum nobis intelliguntur etiam hi, quos curamus ægros, qui capientes servire propter adversam valetudinem impediuntur. Quò etiam pertinet L. ult., § pen., D. ad leg. Rhod., L. sed addes, § cum quidam; L. qui operas, D. locat., L. post duos, C. de advoc. div. judic.* — Car l'équité suade de compter en l'an, les jours que le mercenaire a été malade, n'ayant tenu à luy qu'il n'ait travaillé. — Les bons juges, hommes de bien, ne doiuent fauoriser la cruelle

2⁰ *Du mariage du serviteur ou de l'ouvrier*. — Loysel (1) enseigne ceci : Il n'y a point de raison en ce qui se dit, que mort et mariage rompent tout louage, si on ne l'entend de ceux qui meurent ou se marient pendant le temps du louage de leur personne.

Mais, cette cause d'extinction du contrat par le mariage disparut bientôt, et Pothier (2) a soin de nous dire : quand même ce serait pour une cause honnête, qu'un serviteur quitterait avant le temps le service de son maître, *putà, pour se marier*, ou pour assister ses père et mère, il ne laisserait pas d'être tenu des dommages et intérêts de son maître ; car c'est par son fait et volontairement qu'il ne remplit pas son obligation.

3⁰ *De la volonté du maître*. — Pothier mentionne une cause de résolution qui a entièrement disparu de notre législation moderne. A l'égard des serviteurs, écrit-il, qui louent leurs services aux bourgeois des villes, ou même à la campagne aux gentilshommes pour le service de la personne du maître quoiqu'ils les louent à raison de tant par an, ils sont néanmoins censés ne les louer que pour le temps qu'il plaira au maître de les avoir à son service ; c'est pourquoi le maître peut les renvoyer quand bon lui semble, et sans en dire la raison, en leur

---

auarice des impitoyables et trop rudes mauuais riches, qui font de leur âme un autel à l'usure, qui est aujourd'hui plus révérée en France que la mesme Divinité. — Par arrêt de la Cour, donné en l'audience d'après-dîner, du vingt-sixième jour de may 1556, fut jugé pour le mercenaire appelant, et les juges reçurent une grave censure du Parlement (*Réponses du droit français*, liv. IX, Réponse XXIV).

(1) *Institutes coutumières*, liv. III, t. VI, *Du louage* III.

(2) *Loc. cit.*, n° 170.

payant leur service jusqu'au jour qu'il les renvoie. Mais, ajoute-t-il, il ne leur est pas permis de quitter le service de leur maître sans son congé, et ils doivent être condamnés à retourner, ou jusqu'au jour du prochain terme auquel il est d'usage dans les lieux de louer les serviteurs, ou seulement jusqu'à ce que le maître ait le temps de se pourvoir d'un autre serviteur (1).

4° *Du louage perpétuel.* — Le principe que nous rencontrerons plus tard dans notre droit moderne, qu'on ne peut louer ses services à perpétuité, existe dans notre ancienne jurisprudence qui proclame en pareil cas la nullité du contrat. Le parlement de Grenoble décida le 8 avril 1604, que la loi était faite en faveur de celui qui a loué ses services, de sorte qu'il ne puisse, contre le droit de sa liberté, demeurer asservi s'il ne veut; mais s'il le veut, nul ne puisse l'empêcher (2).

30. III. Le salaire jouissait d'un privilége, car Loysel nous dit dans ses *Institutes coutumières* : dettes privilégiées sont celles qui sont adjugées par sentences, services de mercenaires..... par ordonnance de Philippe-Auguste.

Mais, M. Clamageran (3) fait observer que sous le nom de mercenaires on ne comprenait pas les serviteurs ou domestiques; car Pothier nous parle d'un privilége sur les meubles accordés, à Paris, aux domestiques de ville, pour une année de leurs gages, en vertu d'un acte de notoriété du Châtelet, en date du 4 août 1692. Pothier reconnaît que ce privilége est très-favorable, et qu'il de-

(1) Pothier, *loc. cit.*, n° 176.
(2) Expilly, 3ᵉ plaidoyer.
(3) *Loc. cit.*, p. 88.

vrait être suivi ailleurs; cependant, il déclare ne l'avoir point vu employé dans les ordres et distributions.

Enfin, l'ordonnance de Philippe-Auguste de 1188, que nous venons de mentionner, accorde un privilége au maçon, et aux autres ouvriers qui ont travaillé à la construction ou au rétablissement d'une maison ou d'autre ouvrage, sans qu'il soit besoin de stipulation. Et nous lisons dans Ferrière : « le maçon est préféré au propriétaire pour les réparations qu'il a faites dans la maison pour le locataire desquelles il était tenu, comme il a été jugé par arrêt du 22 juillet 1622 remarqué par Chopin sur ce titre n° 5 ; par Tournet sur cet article et par Tronçon sur l'art. 125. La raison est, que le maçon a rendu meilleure la maison du propriétaire ; que s'il n'était pas remboursé de ses frais, le propriétaire en profiterait à son préjudice (1).

31. IV. — Quant à la prescription des salaires des serviteurs, nous la trouvons régie par l'art. 67 d'une ordonnance de Louis XII de 1510 : « Ordonnons que les serviteurs, dedans un an, à compter du jour qu'ils seront sortis hors de leurs services, demanderont, si bon leur semble, leurs dit loyers, salaires, ou gages, et le dit temps passé, n'y seront plus reçus, ainsi en seront déboutés par fin de non recevoir ; et si ne pourront dans le dit temps demander que les loyers et gages des trois dernières années qu'ils auront servi, si ce n'est qu'il y eût convenance ou obligation par écrit des années précédentes, interpellation ou sommation suffisante (2).

(1) *Sur la coutume de Paris*, art. CLXX, § 4, 20.
(2) *La coutume de Troyes*, art. 200, avait déjà dit : Massons, charpentiers, laboureurs, manouvriers, serviteurs et autres préten-

L'ordonnance de 1510 fixe à six mois la prescription pour le salaire des ouvriers, mais la coutume de Paris distinguant les *gros* et les *menus* ouvrages, appliqua aux premiers la prescription d'un an, et aux seconds celle de six mois (1).

---

dans loyer, ne peuvent doresnavant faire action ou demande de leurs services et loyers, après deux ans passés, fors et excepté des loyers et services qui seront reconnus par obligation, reconnaissance ou cédule.

(1) Pothier, *Traité des obligations*, n° 706.

DROIT MODERNE.

———

INFLUENCE DU SALAIRE SUR CERTAINS CONTRATS.

32. Le louage d'ouvrage impose l'obligation de *faire quelque chose pour autrui*.

Le mandat impose la même obligation, car l'art. 1984 le définit : *Un acte par lequel une personne donne à une autre le pouvoir de faire quelque chose pour le mandant et en son nom.*

Comment donc établir la différence entre ces deux contrats ?

En droit romain, la ligne de démarcation était parfaitement tracée. Le louage admettait un prix, le mandat n'en admettait pas. Paul, dans la l. 1, § 4, au Digeste, nous dit, en effet, *mandatum nisi gratuitum nullum esse ; nam originem ex officio atque amicitia trahit. Contrarium ergo est officio merces. Interveniente enim pecunia, res ad locationem et conductionem potius respicit.*

Par conséquent, pas de doute possible, dès lors que le mandataire reçoit un prix pour son travail, il devient locateur d'ouvrage ; le prix fait la différence entre l'un et l'autre contrat.

Cependant, on admettait que le mandataire pouvait recevoir des honoraires, *si remunerandi gratia honor intervenit, erit mandati actio* (1), mais, ce n'était pas là un prix, un salaire dans l'acception moderne du mot; ce n'était autre chose qu'une rémunération qui ne pouvait changer la nature du mandat, car de même qu'une donation rémunératoire ne laisse pas d'être une donation, de même un mandat avec rémunération reste toujours un mandat (2).

33. Il fallait donc s'attacher à distinguer le prix de l'honoraire, à bien déterminer les cas où le travail de l'homme devrait recevoir l'un ou l'autre, et pour cela on distingua les professions libérales et les professions non libérales, les opérations de la main et les opérations de l'intelligence ; ces dernières, étant pécuniairement inappréciables, ne pouvaient être marchandées, et la rétribution dont elles étaient susceptibles ne pouvait être considérée comme un prix véritable, *merces*.

Parmi ceux qui les exerçaient on pouvait ranger les avocats, les rhéteurs, les médecins, les géomètres, les secrétaires, les libraires, etc., etc. Les philosophes et les professeurs de droit en faisaient également partie, mais ils ne pouvaient réclamer d'honoraires, il leur était seulement permis d'accepter ce qu'on leur offrait : *quœdam*

---

(1) L. 6. *Mandati vel contr.* D.
(2) M. Troplong. *Du louage d'ouvrage et d'industrie,* n° 794.

enim, nous dit Ulpien (1), *tametsi honeste accipiantur, in-*
honeste tamen patuntur. Cependant Antonin-le-Pieux,
dans un rescrit accorde ce droit aux jurisconsultes : *divus*
Antoninus Pius rescripsit juris studiosos, qui salaria pete-
bunt, hæc exigere posse (2).

Ceux donc qui exerçaient ces professions libérales,
n'ayant droit qu'à des honoraires, ne pouvaient avoir recours à l'action *locati* ; aussi leur accordait-on une action
extraordinaire *cognitio extraordinaria,* devant le président
de la province, car leur droit aux honoraires, quoiqu'il
soit réglé par une convention, n'en puise pas moins sa
source dans un devoir de reconnaissance et dans les principes de l'équité.

Quant aux autres professions, c'est-à-dire quant à
celles qui n'ont rien de libéral, qu'on désigne sous le titre
de professions mécaniques, elles rentrent dans les règles
ordinaires du louage, et l'ouvrier n'a pour se faire payer
son salaire, que l'action *locati.*

Voilà le système romain, basé sur l'aristocratie de
l'intelligence ; nous le comprenons historiquement ; Rome,
en effet, méprisait les professions industrielles, vers lesquelles se précipitait la tourbe des affranchis ; mais,
disons avec M. Clamageran (3), qu'au point de vue
d'une saine philosophie, il nous paraît inadmissible.

Cette théorie dut nécessairement être reproduite dans
notre ancienne jurisprudence, par les jurisconsultes imbus
des théories romaines et des préjugés d'une époque,
qui elle aussi, dans sa morgue aristocratique, considérait

(1) L. 1, § 5, *De ext. cogn.* D.
(2) L. 4, *ibid.*
(3) *Du louage d'industrie. Du mandat,* etc., p. 33.

dédaigneusement le travail manuel. Aussi, Pothier (1) nous dit-il : « Il est de l'essence du mandat qu'il soit gratuit, c'est-à-dire que le mandataire se charge, par un pur office d'amitié, de l'affaire qui fait la matière du mandat, et que le mandant ne s'oblige point à lui payer une somme d'argent, ou quelque autre chose, qui soit le prix de la gestion de cette affaire : autrement le contrat n'est pas un contrat de mandat ; c'est une autre espèce de contrat, c'est un contrat de louage, c'est *locatio operarum*.

« Néanmoins, si, pour vous témoigner ma reconnaissance du service que vous me rendez, en voulant bien vous charger de l'affaire qui fait l'objet du mandat, je vous ai promis, par le contrat, de vous donner quelque chose, soit une somme d'argent ou quelque autre chose, le contrat ne laisse pas d'être un contrat de mandat, pourvu que ce qui est promis ne soit pas le prix du service que le mandataire se charge de rendre, ce service n'étant pas quelque chose d'appréciable. Ce qui est promis de cette manière s'appelle *honoraire*. »

34. Mais le Code Civil, a-t-il modifié ce système, ou bien, n'a-t-il fait que consacrer la théorie des lois romaines et de l'ancienne jurisprudence? Sur ce point plusieurs systèmes se sont produits, nous allons les exposer successivement.

35. *Premier système*. D'après le premier système à la défense duquel M. Troplong a attaché son nom (2), et que la jurisprudence a consacré, ce qui constitue la différence entre le louage d'ouvrage et le mandat, c'est, comme en

(1) *Du mandat*, n° 22 et suiv.
(2) *Conf.*, Duranton.

droit romain, la différence même des travaux auxquels s'applique l'activité humaine ; les uns, en effet, rentrent dans la catégorie des arts libéraux, les autres dans celle des arts mécaniques. Les premiers ne reçoivent jamais l'équivalent du service rendu, la rémunération qui en accompagne l'exercice n'est pas un prix mais une récompense qui prend le nom d'*honoraire*, dans ce cas il y a mandat ; les seconds, au contraire, sont susceptibles d'un *prix* réel véritable, il y a alors louage d'ouvrage.

La première base sur laquelle s'appuient les défenseurs de ce système, c'est le principe que *les œuvres des arts libéraux sont inestimables*, qu'il est impossible de leur assigner un prix, de les taxer. Ils ajoutent : l'homme ne travaille pas seulement pour l'argent, il travaille aussi pour la gloire, pour la patrie, pour l'humanité ; et c'est cette différence des mobiles qui fait la différence des professions ; il y a entre les professions des inégalités nécessaires comme dans les conditions. Les unes sont subalternes, ce sont, en général, celles qui spéculent sur les besoins physiques de l'homme, elles ont le lucre pour but, et c'est avec de l'argent qu'on les paie. Les autres, plus relevées, s'adressent aux besoins moraux de l'homme, tantôt elles lui tendent la main dans ses revers, tantôt elles aspirent à le perfectionner et à le civiliser (1). Quoi, ajoutent-ils, ne sentez-vous pas que le prêtre qui porte dans le monde la parole de Dieu, que le professeur qui sème dans le cœur de ses élèves les principes de la morale et de la science, que l'avocat qui défend notre honneur, que le médecin qui défend notre vie, rendent des services bien différents de ceux du serviteur et de l'ouvrier !

(1) M. Troplong, *loc. cit.*, n° 807.

Or donc, s'écrie M. Troplong, au fond de tous ces travaux dont la société s'honore, et sans lesquels elle se dissoudrait, qu'avons-nous aperçu?

Tour à tour le zèle pour faire progresser l'homme, la sympathie pour ses misères, un but humanitaire.

Direz-vous maintenant, que ces choses se paient avec de l'argent? Hé bien! Je protesterai de toutes mes forces contre ce blasphème. Je dirai que vous choquez les convictions universelles. Il n'y a pas de trésor qui puisse acheter les sentiments sympathiques et le dévouement à l'humanité! Ces choses là se donnent ; elles ne se vendent pas.

La seconde base de ce système, ce sont les textes. Car, disent-ils, les art. 1711 et 1779 indiquent suffisamment que le législateur a entendu renfermer le cercle du louage d'ouvrage dans la catégorie des travaux étrangers aux arts libéraux, laissant au mandat le soin de régler les conventions, qui interviennent sur cette dernière espèce de travaux. En effet, l'art. 1711 appelle *loyer* tout louage *de travail ou de service*, et, certes, nul n'admettra que cette expression puisse s'appliquer soit au peintre, soit au médecin. Enfin, l'art. 1779, en résumant les diverses espèces de louage, ne vise que 1o le louage des gens de travail et des serviteurs à gages, 2o le louage des voituriers, 3o le louage des entrepreneurs d'ouvrage. Quant aux travaux de l'intelligence, il n'en est pas question, il n'en est pas dit un seul mot. Que conclure de ce silence du législateur, si ce n'est qu'il a voulu les exclure de ce genre de contrat.

La troisième base, enfin, du système que nous énonçons, ce sont les textes des lois romaines et l'opinion des auteurs de notre ancienne jurisprudence à cet égard. Il y a, en effet, un accord unanime pour faire consister la différence du louage d'industrie et du mandat dans la distinction des professions libérales et des professions non libérales, et partant des *honoraires* et du *prix*.

36. *Second système.* — Ce deuxième système, mis au jour et développé par M. Duvergier (1), a été repris et défendu par un jeune docteur, chez qui le talent est à la hauteur des convictions, M. Clamageran. Dans un tra-travail *sur le louage d'industrie, le mandat et la commission*, couronné par la Faculté de droit de Paris, il a battu en brèche la théorie émise par Merlin et soutenue par M. Troplong. Il a suivi ce dernier auteur sur le terrain de la philosophie, de l'histoire et des textes, et s'appuyant sur les vrais principes de l'économie politique, il a, croyons-nous, réfuté victorieusement le système de ses adversaires. C'est à ce système que nous croyons devoir nous ranger.

Nous n'acceptons pas, d'abord, la distinction que font nos adversaires entre les œuvres de l'intelligence et les œuvres de la main, nous nions que cette ligne de démarcation existe; n'est-il pas vrai, en effet, que tout travail manuel nécessite, exige un certain développement de l'esprit, une certaine application de l'intelligence, que tout travail intellectuel, de son côté, suppose une certaine action purement physique. Dès lors, il y aura une transition bien embarrassante, des cas où l'on se demandera quelle peut être au juste la part de l'intelligence et celle du travail physique, dans telle ou telle

(1) *Conf.*, Oudot, Bugnet.

profession. Quel sera, en effet, le degré auquel vous vous arrêterez pour classer tel ou tel travail dans l'une ou l'autre de vos catégories (1)?

Mais nous vous faisons une concession, nous voulons admettre votre distinction; eh bien! de ce qu'il y a deux sortes de services, les uns émanant de l'intelligence, les autres du corps, s'ensuit-il qu'il faille distinguer leur rémunération, qu'il faille aux uns un *prix*, aux autres des *honoraires*? Qu'a donc pour vous de repoussant le mot de *prix*, n'est-ce pas la rétribution de tout travail, de toute peine de l'homme, la rémunération de tout service? Pourquoi voulez-vous en affranchir les travaux de l'intelligence? Est-ce qu'ici, comme ailleurs, le prix, le salaire, n'est pas soumis aux lois économiques? ne se détermine-t-il pas en vertu de la quantité de travail fourni, et conformément aux oscillations capricieuses de l'offre et de la demande? Est-ce que l'avocat dont l'esprit est le plus droit, la parole la plus persuasive et la plus éloquente, n'est pas celui qui reçoit la rémunération la plus considérable? N'est-ce pas enfin, eu égard à l'importance et aux difficultés de l'affaire qui lui est soumise, qu'il percevra son salaire, et surtout, en raison de l'effort, de la difficulté épargnés à celui qui a recours à lui?

N'en est-il pas de même du médecin, de l'artiste, du savant?

Ce qui trompe nos adversaires, comme le fait très-bien observer M. Clamageran (2), c'est qu'ils s'imaginent que le prix est l'équivalent du service rendu. Comment trou-

(1) Duvergier. *Du contrat de louage*, p. 509. — Clamageran. *Du louage d'industrie. Du mandat, etc.* p. 260.
(2) Page 261.

8

ver, disent-ils, un équivalent digne d'être offert au médecin qui vous sauve la vie, à l'avocat qui vous sauve l'honneur! Sans doute, cet équivalent est impossible à trouver ; mais, il en est de même pour le laboureur dont le travail vous permet de vivre, pour l'ouvrier qui vous vêtit, la nourrice qui allaite votre enfant. Considéré comme équivalent, le prix est une véritable chimère. Non, ce n'est pas le résultat plus ou moins éloigné du service rendu qu'on apprécie, c'est uniquement la peine qu'on se donne, le travail qu'on emploie pour le rendre ; car, lorsque le malade succombe ou que le procès est perdu, le médecin et l'avocat n'en ont pas moins droit à leur salaire, et cependant, alors, ce service, considéré dans ses résultats, est entièrement nul.

Enfin, s'il est vrai que les œuvres de l'esprit se transmettent à prix d'argent, qu'elles soient, en un mot, susceptibles de *vente ;* s'il est vrai, que l'écrivain peut vendre son livre, le peintre son tableau, le musicien son œuvre musicale, c'est-à-dire chacun les productions de sa pensée, pourquoi leur refuserait-on le droit de percevoir un prix pour les leçons qu'ils donneraient, afin d'enseigner leur art ? N'est-ce pas, dans les deux cas, sous des formes différentes, des services rendus par l'intelligence, et, s'ils peuvent se payer dans un cas, ils le peuvent évidemment dans l'autre.

Le système de nos adversaires repose donc uniquement sur une pure question d'amour propre, celui que nous soutenons, au contraire, distingue le *devoir,* qu'elle respecte en le faisant régir par le *for intérieur,* et l'obligation *réglée par contrat,* en la soumettant au droit positif. Et chose étrange ! en vérité, c'est que nos adversaires partent de ce principe, que les services de l'intelligence sont inestimables, pour y attacher un avantage pécuniaire, *la solidarité entre les débiteurs*. En effet, par exemple, deux frères habitant la même maison sont convenus avec un médecin, qu'il donnerait ses soins à toute la famille pour une somme annuelle ; si le médecin est considéré comme mandataire, il a action *pour le tout* contre chacun des débiteurs, en vertu des dispositions de l'art. 2002. Il en est de même du notaire, qui ne représente pas les parties, si l'on le considère comme mandataire, il aura action *pour le tout* contre tous les clients pour lesquels il instrumente. La solidarité, au contraire, n'est pas applicable dans le cas de contrat de louage (1).

Les textes du droit romain et de l'ancienne jurisprudence ne nous effrayent pas, car des principes nouveaux se sont affirmés avec les progrès de la société ; bien des préjugés, bien des préventions sur le travail nés du droit romain, acceptés et consacrés par le régime féodal et notre ancienne jurisprudence, ont aujourd'hui disparu pour jamais. Tous les hommes sont libres, toutes les professions, par conséquent, sont libérales; l'existence de professions sordides suppose donc des esclaves ou des serfs. La distinction que veulent établir nos adversaires serait un contre-sens, avec nos principes modernes, avec l'égalité civile de toutes les classes proclamée par la révolution de 1789.

Quant aux textes du Code qu'on nous oppose, que répondrons-nous?

(1) Notons encore parmi les conséquences pratiques de cette distinction, celles qui ont trait à la renonciation (art. 2007), à la révocation (2004 comp. avec 1794).

A cette première affirmation de nos adversaires, que l'art. 1779 en énumérant les diverses espèces de louage d'industrie, ne vise que 1° le louage des gens de travail et des serviteurs à gages, 2° le louage des voituriers, 3° le louage des entrepreneurs d'ouvrage, et reste muet quant aux travaux de l'intelligence ; nous répondrons que le Code n'a pas parlé davantage du louage des apprentis, des matelots, etc., et que cependant, dans ces divers cas, il y a louage d'industrie; par conséquent l'argument ne prouve rien parce qu'il prouve trop; pour exclure ces professions, ces travaux de l'intelligence, il fallait une disposition expresse que nous ne rencontrons pas dans la loi. Cette disposition était d'autant plus nécessaire, que nos anciens auteurs sont presque toujours en dissentiment, lorsqu'il s'agit de classer telle ou telle profession dans telle ou telle catégorie, et là où l'un voit un louage d'ouvrage, l'autre trouve un mandat. Ainsi Pothier et Merlin considèrent l'avocat comme mandataire, Cujas était d'un avis contraire: *Advocati officium non est gratuitum* (1). Pothier (2) dit que les procureurs *ad lites* sont des mandataires, Coquille (3) professe une opinion opposée.

A cette deuxième affirmation, que l'art. 1986 ne peut s'appliquer qu'aux professions libérales qui sont inestimables de leur nature, nous répondrons que cet article s'applique au cas où il a été donné mandat de faire un *acte juridique* avec salaire, parce que *hoc locari non solet*, ce qui est loin de prouver que certaines professions soient nécessairement désintéressées.

(1) *Comm. in lib. III. resp., Papin. ad leg. 7, mand.*
(2) *Du mandat, 115.*
(3) *Quest. sur la coutume du Nivernais, quest. 197.*

Nous venons de prononcer l'expression d'*acte juridique*, eh bien ! c'est elle qui va servir de base à la distinction que nous faisons entre le mandat et le louage d'ouvrage. En effet, le mandat suppose mission de faire un *acte juridique* pour le compte du mandant, soit en son nom (ce qui est le plus fréquent), soit au nom du mandataire, ce qui peut aussi arriver (art. 1997, 2028, C. civil); par exemple, la commission n'est qu'une espèce de mandat ayant pour objet de faire des *actes de commerce*, elle peut être faite au nom du mandataire, ou *même du mandant* (art. 94, C. de com.). Donc, il est bien établi que le caractère spécifique du mandat se rattache à l'objet de l'obligation principale du mandataire, qui consiste à faire un *acte juridique*. Aussi, la différence entre le louage d'ouvrage et le mandat peut se résumer en deux mots : l'objet du louage d'ouvrage est un *fait*, l'objet du mandat est un *acte juridique*; dès lors, il y aura mandat, lorsqu'on retiendra pour moi une place à la diligence, mais celui qui fait un simple voyage pour moi n'est pas mandataire. Quant au salaire, c'est un point secondaire, accessoire, qui ne doit pas être pris en considération pour la détermination du contrat, il n'influe en rien sur son caractère (¹).

(1) MM. Aubry et Rau, sur Zachariæ, soutiennent un troisième système. Partant de ce principe, que les œuvres de l'esprit sont *res inæstimabiles*, qu'on ne pourrait avoir la prétention de réclamer des dommages-intérêts pour l'inexécution d'une promesse de pareils services, ils refusent d'y reconnaître le caractère du louage de service. Mais, ajoutent-ils, nous ne pouvons davantage y voir un mandat. Le caractère distinctif du mandat ressort du pouvoir donné au mandataire de représenter le mandant dans des actes juridiques, de l'obliger envers les tiers, et d'obliger les tiers

CHAPITRE Ier.

DOMESTIQUES ET OUVRIERS.

I.

Du locateur de services.

37. En abordant l'étude du contrat de louage de service dans notre droit moderne, nous nous trouvons, pour désigner le locateur de service, en présence de termes vagues, indécis, indéfinis ; le législateur emploie successivement les expressions de *gens de service, gens de travail, serviteurs, serviteurs à gage, domestiques, ouvriers.*

Il s'agit de les définir. Les domestiques, nous dit Henrion de Pansey, sont ceux qui font partie d'une maison, et qui, subordonnés à la volonté du maître, en reçoivent des gages. Cette définition consacre les principes de notre ancienne jurisprudence qui rangeait dans la catégorie des domestiques, les bibliothécaires, les précepteurs, les secrétaires, les intendants de maison, etc...., mais doit-il en être de même aujourd'hui? Nous ne le croyons pas, car, non-seulement le langage usuel s'y oppose, mais encore les textes des lois du 19-20 avril 1790, des 27 août

envers lui. Or, dans les promesses de la nature de celles dont il s'agit, on ne trouve aucune trace d'un pareil pouvoir. D'ailleurs, le mandat est civilement obligatoire pour celui qui l'a accepté, tandis que la promesse d'accomplir des actes dépendants d'une profession libérale n'engendrent pas d'action, lorsque ces actes, envisagés en eux-mêmes, forment l'objet direct de cette promesse.

D'après eux, il n'y a là qu'un fait d'obligeance de la part de celui qui a promis ses services, qu'on rémunère en accordant *des honoraires* (p. 370, note 1, tom. III).

et 2 septembre 1792, et encore le décret du 3 octobre 1810,
relatifs à la police des domestiques qui montrent bien,
nous dit M. Duvergier (1), que cette dénomination est
loin de s'appliquer aux intendants, puisqu'il charge
ceux-ci de remplacer les maitres dans l'accomplissement
do certaines formalités.

Il faut donc réserver la qualification de domestique
aux serviteurs à gages qui donnent leurs soins à la
personne ou au ménage du maitre, ou qui l'aident dans
les travaux agricoles, et qui, d'ailleurs, logent et vivent
dans sa maison (2).

38. On appelle *ouvriers*, tous ceux qui louent leurs
services pour un temps déterminé, mais qui ne sont point
logés et nourris dans la maison de celui pour qui ils tra-
vaillent, comme les moissonneurs, terrassiers, vendan-
geurs, vignerons, etc.

Remarquons que si, au lieu de louer leurs services
pour un temps déterminé, ces mêmes personnes stipulent un prix proportionné à la quantité de travail qu'ils
exécuteront, le contrat cesse alors d'être un louage de
service, il devient un louage d'industrie.

II.

Formation et durée du contrat.

39. Le louage de service est parfait par le seul consentement. Lorsque l'objet du contrat est d'une valeur

(1) *Contrat de louage,* n° 278.
(2) MM. Duvergier, *Contrat de louage,* n° 278. — Clamageran, *Louage d'industrie,* n° 161.

qui n'excède pas 150 francs, la preuve peut ... être faite par témoin.

L'article 1780 du Code civil dispose qu'on ne peut engager ses services qu'à temps ou pour une entreprise déterminée. Celui, en effet, qui s'engagerait pour toute sa vie, aliénerait sa liberté, tomberait dans la condition des esclaves. Ce principe, énoncé dans notre article, existait déjà dans notre ancien droit, et fut proclamé par la constitution de l'an III (1).

Mais, les prohibitions du législateur ne doivent pas être restreintes au cas où l'on engagerait directement ses services pour toute la durée de la vie, elles doivent encore être étendues aux cas mêmes, où ce serait indirectement qu'on les engagerait. Par exemple, si l'entreprise qu'on accepte devait se prolonger au-delà du terme probable de l'existence humaine, ou pour un temps tellement long, qu'il excèderait évidemment les limites de la vie de celui qui s'engage.

40. Une pareille stipulation est donc nulle. Mais quelle est la nature de cette nullité? Est-ce une nullité absolue? Peut-elle être demandée par l'une et par l'autre des parties? Oui, nous répond M. Duvergier (2), parce qu'elle est d'ordre public. Mais, cette raison est-elle suffisante pour nous faire considérer cette nullité comme absolue ! évidemment non, car nous voyons que les nullités établies en faveur des mineurs, des interdits, des femmes mariées, des communes, nullités qui sont bien également d'ordre public, ne sont cependant que relatives. Et cela,

(1) Art. 15, *De la déclarat. des droits.*
(2) *Du contrat de louage,* n° 285.

parce que l'intérêt de la société ne doit pas absorber l'intérêt des incapables, en faveur de qui les prohibitions ont été édictées. Dans notre espèce donc, qu'exige la loi dans l'intérêt de la société ? C'est que le domestique ou l'ouvrier puisse s'affranchir de l'engagement attentatoire à sa liberté ; or, par cela seul qu'il peut, quand bon lui semble, invoquer la nullité du contrat, il est libre, et l'ordre public est satisfait. Il ne faut pas que le maître puisse se prévaloir de dispositions que le législateur n'a pas introduites dans le Code en sa faveur (1).

41. Mais, celui qui s'est engagé à perpétuité et qui prétend se soustraire à l'exécution des services, est-il passible de dommages et intérêts ? L'ancienne jurisprudence admettait l'affirmative ; nous croyons, qu'aujourd'hui, c'est la négative qui doit prévaloir. En effet, en demandant la nullité du contrat, que fait l'ouvrier ? Il use d'un droit qui lui appartient, qui n'a cessé de lui appartenir ; car, pour lui, l'engagement auquel il obéit, est un engagement qui se renouvelle chaque jour, à chaque instant, sans lui imposer aucune obligation pour l'avenir.

42. Remarquons enfin, que s'il y a eu pour un pareil contrat un commencement d'exécution, si le domestique ou l'ouvrier a déjà rendu des services au maître, celui-ci doit, sans nul doute, l'en indemniser.

43. La durée de l'engagement est ordinairement fixée par les parties, il peut cependant arriver qu'elle ne l'ait pas été, il faut alors avoir recours à l'usage des lieux, à la

(1) Conf. MM. Troplong, *Contrat de louage*, n° 836. — Clamageran, *Louage des services et d'industrie*, 177. — Deloume, *Droits et obligat. des ouvriers*, 91.

nature des travaux. Ainsi, lorsqu'on loue un domestique pour l'occuper aux travaux des champs, on est censé le louer pour toute l'année; la diversité et la continuité des travaux agricoles nécessitent, en effet, la présence non interrompue du domestique sur les terres à cultiver. De même, si l'on loue des ouvriers pour un travail spécial, déterminé, pour la moisson, la vendange, la fenaison, quoique payés à tant par jour, ils sont, néanmoins, engagés jusqu'à la fin de l'opération.

Si un domestique ou un ouvrier est loué seulement à tant par jour ou tant par mois, il n'est censé être engagé que pour un jour ou pour un mois. Mais s'il est loué à tant par an, il n'y a là qu'une détermination de salaire, qui devra se calculer à raison de tant par an, pour le temps qu'il fournira ses services (1).

44. Lorsqu'il a été fixé un temps pendant lequel doit durer le louage, chacune des parties est tenue d'exécuter son engagement, à moins de s'exposer à des dommages et intérêts. Il faut même remarquer que les causes honorables ne peuvent l'en affranchir. Tels seraient, par exemple, les cas où le domestique ou l'ouvrier ne remplirait pas son engagement par suite des soins que nécessitent la vieillesse, la maladie de ses parents, par suite de son enrôlement désintéressé dans les armées de son pays, même pendant l'invasion; car, il y a là une inexécution volontaire du contrat; seulement les juges devront prendre en considération pour la fixation de l'indemnité, les raisons qui ont provoqué cette infraction à la stabilité des contrats; et certes, la sévérité deviendra bien difficile en

---

(1) Duvergier, *Contrat de louage*, n° 287.

présence de ces actes de piété filiale, ou de dévouement patriotique, qui sont pour leurs auteurs l'accomplissement d'un devoir rigoureux (1).

45. La tacite reconduction a lieu pour le contrat de louage, c'est-à-dire, que lorsque le temps pour lequel on s'est engagé vient à expirer, si l'on continue à servir, on est censé s'être engagé et avoir été accepté par le maître, par analogie des principes énoncés dans l'art. 1776, C. civil, pour une période égale à celle qui s'est écoulée et aux mêmes conditions (2).

III.

Preuve du contrat.

46. L'art. 1781, C. civil, statue que le maître est cru sur son affirmation, *pour la quotité des gages*, *pour le paiement du salaire de l'année échue*, *et pour les à-comptes donnés pour l'année courante*. Voilà bien une dérogation manifeste au système général de la preuve, c'est une réminiscence malheureuse de notre ancienne jurisprudence, aussi, contre cet article s'élèvent les protestations les plus énergiques, chaque jour des pétitions nombreuses en demandent la suppression, et l'on s'obstine, néanmoins, à le maintenir. Quoi! s'écrie-t-on, supprimer l'art. 1781, mais c'est ouvrir la porte aux fraudes, c'est exciter les ouvriers ou les domestiques à se coaliser contre les maî-

(1) Duvergier, *loc. cit*, n°° 293-294.
(2) Duvergier, *loc. cit.*, 500.

tres pour rendre des témoignages suspects, c'est multi-
plier à l'infini les petits procès. On va plus loin, et l'on
ajoute : l'ouvrier ne puise-t-il pas un avantage dans les
dispositions rigoureuses de cet article, le maître n'est-il
pas, en effet, plus facilement entraîné à lui faire des
avances, lorsqu'il sait que le sort de la contestation qui
pourra surgir à leur propos, dépend uniquement de son
affirmation? Enfin, entre le locateur de services et le
maître, quel est celui qui, par son éducation, ses habitu-
des, sa position sociale, est le plus digne de foi? C'est le
maître (1).

17. Ces raisons sont loin de nous convaincre, elles
nous paraissent bien insuffisantes, pour justifier le système
d'inégalité consacré par les dispositions de notre article.
N'est-ce pas, disons-le, contraire aux règles les plus simples du droit et de l'équité que de subordonner ainsi l'un
des contractants à la discrétion de l'autre, ne peut-il
donc pas arriver que le maître soit d'une moralité, d'une
probité suspecte, que ce soit un homme peu recommand-
dable, et en sens inverse que l'ouvrier jouisse d'une réputation de probité sans tâche? Et dans ce cas, quels scan-
dales soulèvera l'application de l'art. 1781 (2)?

18. Mais, il ne suffit pas de signaler les inconvénients
graves, sérieux d'une pareille situation, il faut trouver
le remède.

Allons-nous confier à l'ouvrier l'arme que nous arra-
chons au maître, l'affirmation? Evidemment non, car
nous violerions alors tout aussi manifestement les principes d'égalité que le fait l'art. 1781.

(1) Sic. M. Troplong, *Louage d'ouvrage et d'industrie*, n° 881.
(2) Clamageran, *Louage de services et d'industrie*, 165.

Appliquerons-nous les règles générales en matière de preuve? ici encore nous nous trouvons dans une position fausse et inégale. Que va-t-il arriver, en effet, si un domestique réclame à son maître le paiement du salaire de l'année échue et que le maître oppose qu'il a payé? si nous appliquons les principes généraux en matière de preuve, la position sera bien simple, le domestique qui est demandeur aura bientôt prouvé le fondement juridique de sa demande, qui consiste uniquement dans un fait, celui d'avoir servi le maître pendant toute l'année échue. Ce sera donc au maître qui oppose le paiement à prouver le fait de sa libération, or comment s'y prendra-t-il pour administrer cette preuve? dans l'usage les maîtres ne retirent jamais quittance de leurs serviteurs, et, en fait, ce n'est pas, d'ordinaire, en présence de témoins qu'ils leur remettent le montant de leurs gages. Par conséquent, tandis que le domestique demandeur a toujours une preuve toute faite, le maître défendeur est nécessairement dénué de tout moyen de preuve, est-ce que le principe d'égalité ne serait pas offensé par une telle situation? Personne n'oserait sérieusement le contester (1). Il faut donc pour rétablir l'équilibre entre ces deux positions donner une garantie au maître, et cette garantie ne peut consister que dans un *livret spécial* sur lequel le maître inscrira toutes les avances qu'il fera à son domestique. Cette innovation a déjà pénétré dans nos lois particulières, car aux termes de la loi du 7 mars 1850 sur les moyens de constater les conventions entre patrons et ouvriers en matière de tissage et de bobinage, le patron

(1) M. Huc, le *Code civil italien et le Code Napoléon*, p. 246.

est tenu d'inscrire, sur un livret spécial appartenant à l'ouvrier et laissé entre ses mains, le poids et les dimensions
de la matière première qu'il lui livre, ainsi que le prix de
la façon.

Pourquoi ce qui est l'exception ne deviendrait-il pas la
règle générale ? pourquoi ce *livret spécial* ne se trouverait-
il pas entre les mains de tous gens de travail, et ne
constaterait-il pas tous les faits qui se produisent entre
ceux-ci et leur maître ?

M. Huc (1), étudiant la législation italienne, qui a
supprimé les dispositions de l'art. 1781, nous fournit un
secours puissant pour la défense de ce système. En effet,
après avoir cité les dispositions des articles 1662-1663
du Code italien relatives au *livret du bailleur*, voici ce
que nous lisons dans sa remarquable étude sur le Code
italien : « Ne pourrait-on pas adopter l'idée qui sert
de base à ces dispositions ? ordonner, en conséquence,
que les maîtres et les serviteurs seraient tenus d'avoir
chacun un livret sur lequel seraient mentionnés le
point de départ des services loués, le montant des gages
et les paiements effectués? Déclarer que foi pleine et
entière serait accordée aux livrets ainsi régulièrement
tenus, et qu'à défaut de livrets on appliquerait les principes ordinaires sur la preuve ! — On pourrait alors
abroger sans inconvénient l'art. 1781, et alors, si,
faute d'avoir tenu régulièrement leur livret, les maîtres
se trouvaient dans l'impossibilité d'établir leur libération
vis-à-vis de leurs serviteurs, ils ne pourraient s'en pren-

_____

(1) Le *Code civil italien et le Code Napoléon*, p. 248.

dre qu'à eux-mêmes, puisque la loi leur aurait offert un
moyen facile de se procurer une preuve écrite. »

49. Quoi qu'il en soit, l'art. 1781 existe, et si notre
droit nous a permis d'en critiquer les dispositions, notre
rôle est d'en étudier les conséquences et la portée.

Ce qu'il faut remarquer d'abord, et tous les auteurs sont d'accord sur ce point, c'est que l'affirmation
du maître doit avoir lieu par serment ; il ne pourrait en
être autrement, fait observer M. Deloume, sans cela, il
aurait été plus simple et plus logique de supprimer les
difficultés entre maîtres et ouvriers, la demande ou la
résistance du patron contenant toujours implicitement
une affirmation de sa part.

50. Si le maître a fait les avances à titre de prêt,
pourvu qu'elles fussent imputables sur l'année échue et
sur l'année courante, il pourra se prévaloir des dispositions de l'art. 1781. On ne doit voir, en effet, dans ces
avances, quoique sous forme de prêt, que le paiement
d'un travail passé ou à venir.

51. Notre article est-il applicable au cas où l'ouvrier
réclame ses effets ? Malgré l'autorité de l'ancienne jurisprudence, que les partisans de l'affirmative pourraient
invoquer à leur appui, nous croyons, avec la plupart des
auteurs (1), que c'est la négative qui doit prévaloir, car
le texte est entièrement muet sur cette hypothèse, et
que le caractère exceptionnel de l'art. 1781 ne nous
permet pas d'en étendre les dispositions.

52. Disons que le maître seul peut se prévaloir des

---

(1) Duranton, t. XVII, n° 236. — Duvergier, *loc. cit.*; n° 306.
— Clamageran, *Du louage d'industrie*, p. 188. — Deloume,
Droits et obligations des ouvriers, p. 275.

dispositions de notre article, que ses héritiers ne peuvent nullement les invoquer. Cependant, si l'héritier avait été associé à la direction intérieure de la maison, s'il était le conjoint ou l'enfant du maître, on pourrait, croyons-nous, lui accorder les mêmes droits, ou plutôt la même faveur qu'à celui-ci (1).

52 bis. Disons enfin que l'existence même du contrat doit être établie, d'après les règles ordinaires, sur la preuve et nullement d'après les dispositions spéciales de l'art. 1781. Que le maître ne pourrait pas se prévaloir des dispositions de l'art. 1781, s'il existait un titre écrit justifiant les allégations du domestique, car l'affirmation du maître serait impuissante pour détruire une semblable preuve. Que l'art. 1781 s'applique seulement aux domestiques et aux ouvriers qui louent leurs services au jour, au mois ou à l'année.

53. Il faut remarquer qu'on entend par maître celui envers qui le domestique ou l'ouvrier s'est engagé, sans avoir à s'occuper s'il est lui-même soumis, quant à ses services, à une autre personne.

IV.

Priviléges. --- Prescription. — Causes d'extinction. — Compétence.

54. I. *Priviléges.* — Lorsque l'ouvrier consacre son travail à la conservation de la chose, il est juste qu'il

(1) Duvergier, *loc. cit.*, 307.

jouisse d'un privilège pour le paiement de son salaire, puisque c'est grâce à lui que les autres créanciers du propriétaire pourront se faire payer; il conserve leur gage; son travail, en un mot, enrichit leur patrimoine, en enrichissant celui de leur débiteur, qui aurait péri sans son aide.

Aussi, le législateur, dans l'art. 2102-3° Code civil, a-t-il rangé parmi les créances privilégiées sur certains meubles les frais faits pour la conservation de la chose.

Quoique l'ouvrier se soit dessaisi de l'objet, ce privilège subsiste, néanmoins, en sa faveur, car il n'est pas basé sur un droit de rétention, mais uniquement sur l'idée de conservation qui s'attache au travail effectué. En effet, comme le fait observer M. Troplong (1), pour que la question de possession et de saisine méritât quelque considération, il faudrait que le droit de l'ouvrier fût fondé sur le droit de *gage*, alors la possession réelle serait absolument nécessaire, car il est de principe que tout gagiste qui se dessaisit renonce à son gage. Mais ce n'est pas du nantissement que dérive le privilège de l'ouvrier; s'il est privilégié, c'est qu'il fait l'avantage commun en conservant le gage par ses soins, son travail et ses dépenses.

55. Le même art. 2102-1° statue..... Néanmoins, les sommes dues pour les semences ou *pour les frais de la récolte de l'année* sont payées sur les prix de la récolte et celles dues pour ustensiles sur le prix des ustensiles, par préférence au propriétaire dans l'un et l'autre cas.

C'est l'intérêt de l'agriculture qui a fait admettre ce

(1) *Priviléges*, 177.

9

principe. Il eût peut-être été difficile, quelquefois même impossible, à un propriétaire obéré, dont la fortune menace ruine, de trouver à crédit, des fournisseurs pour lui livrer des instruments aratoires, des ouvriers pour travailler ses champs. Et, dès lors, les travaux agricoles ne pouvant s'effectuer, les terres seraient restées incultes et n'auraient représenté qu'un capital improductif. Il y avait là, évidemment, un danger, non seulement pour le propriétaire lui-même, mais encore et surtout pour la société qui est intéressée à la prospérité de toutes les branches de la production.

Par conséquent : 1° *tous les frais faits pour la récolte* jouissent d'un privilège sur le prix de cette récolte, ce qui comprend le salaire des ouvriers, quel que soit leur mode d'engagement, les journaliers, valets de labour, etc..... On est même allé jusqu'à décider (1) que le journalier préposé par un colon partiaire à la culture de l'héritage, peut se faire payer par privilège sur les fruits au préjudice du propriétaire, encore qu'il n'ait pas réclamé au fur et à mesure l'acquit de ses journées.

2° Les sommes dues pour ustensiles aratoires jouissent du même privilège. Ces sommes ne comprennent pas seulement le prix d'achat, mais les frais faits pour leur réparation, leur amélioration, leur conservation.

56. L'art. 191 du Code de commerce statue : sont privilégiées et dans l'ordre qu'elles sont rangées, les dettes ci-après désignées.....; 5° les frais d'entretien du bâtiment et de ses agrès et de ses apparaux depuis son dernier voyage et son entrée dans le port.....; 8° les sommes dues aux

(1) Arrêt de cassation, 24 juin 1807.

vendeurs, aux fournisseurs et ouvriers employés à la construction, si le navire n'a pas encore fait de voyage, et les sommes dues aux créanciers pour fournitures, travaux, main d'œuvre pour radoub, victuailles, armement et équipement avant le départ du navire, s'il a déjà navigué.

Les sommes dues pour les réparations ne sont pas moins privilégiées que celles qui seraient dues pour la construction.

57. Aux termes de l'art. 2101-4°, les gens de service ont privilége pour les salaires de l'année échue et de l'année courante.

Les ouvriers employés directement par le failli ont le même privilége pour les salaires du mois qui a précédé la déclaration de faillite (art. 549, Code de commerce, 1er alinéa).

58. Enfin, le 4° de l'art. 2103 statue que les architectes, entrepreneurs, maçons et autres *ouvriers employés pour édifier, reconstruire, ou réparer des bâtiments, canaux ou autres ouvrages quelconques*, ont un privilége sur les immeubles ; — mais voici à quelles conditions : pourvu, ajoute le législateur, que par un expert nommé d'office par le tribunal de première instance dans le ressort duquel les bâtiments sont situés, il ait été dressé préalablement un procès-verbal, à l'effet de constater l'état des lieux relativement aux ouvrages que le propriétaire déclarera avoir dessein de faire, et que les ouvrages aient été, dans les six mois au plus de leur perfection, reçus par un expert, également nommé d'office ; — mais le montant du privilége ne peut excéder les valeurs constatées par le second procès-verbal, et il se réduit à la plus-value

existante à l'époque de l'aliénation de l'immeuble et résultant des travaux qui ont été faits.

59. II. *Prescription*. — L'action des domestiques et ouvriers, d'après les dispositions de l'art. 2272, 5e alinéa, se prescrit par un an, s'ils sont loués pour l'année sinon par 6 mois (art. 2271, 3e alinéa); par un an, quelle que soit la durée de leur engagement, lorsqu'il s'agit des ouvriers maritimes, et cela en vertu du 4e alinéa de l'art. 433 du Code de commerce.

60. III. *Causes d'extinction du contrat*. — Une *première* cause d'extinction du contrat de louage de service, c'est l'expiration du temps convenu.

Une *seconde*, c'est la renonciation des parties, lorsqu'il n'a été stipulé aucun terme.

Une *troisième*, résulte de l'inaccomplissement des engagements. La violation des engagements est, en effet, une cause de rupture du contrat, de quelque côté qu'elle se produise. Si, par exemple, le maître refuse de donner à son domestique les choses nécessaires à son existence; si, abusant de sa position, il cherche à corrompre la jeunesse, à flétrir la vertu d'une jeune fille à son service; s'il arrive à imposer son autorité par les mauvais traitements; dans tous ces cas, le domestique a le droit d'enfreindre le contrat en s'éloignant de la maison du maître.

Mais le maître a aussi le droit d'expulser le domestique dont la négligence, l'incapacité, l'insubordination, la mauvaise conduite, rendent le service impossible.

Une *quatrième* cause, c'est la force majeure. La force majeure peut résulter d'un fait qui frappe le maître, ou qui frappe l'ouvrier, ou qui ne frappe ni l'un ni l'autre.

A) Cas où la force majeure frappe le maître. — Une personne a loué, moyennant une somme, un copiste pour lui faire écrire, sous sa dictée, un ouvrage d'esprit. Elle meurt. Le copiste pourra-t-il répéter la somme promise, comme si ces services avaient été employés? Pour trouver une solution à cette hypothèse, nous sommes obligés d'avoir recours aux textes du droit romain, qui déclarent que la somme sera due, à moins que le copiste n'ait trouvé ailleurs à gagner un même salaire; *quum quidam exceptor,* nous dit Ulpien(1), *operas suas locâsset deindè qui eas conduxerat, decessisset, imperator Antoninus cum divo Severo rescripserit ad libellum exceptionis hæc verba : cum per te non stetisse proponas quominus operas locatas Antonio Aquiliæ solveres, si eadem anno mercedes ab alio non accepisti fidem contractus impleri æquum est.*

Il faut donner la même solution au cas où une personne a loué, moyennant une somme déterminée, un domestique pour l'accompagner dans un voyage qu'elle a l'intention de faire, mais qu'une maladie qui la surprend, l'empêche d'effectuer.

On ne doit pas, cependant, accepter cette théorie d'une manière absolue, il faut s'attacher à l'intention des parties, à la question de savoir si elles subordonnaient le paiement du salaire à l'ouvrage accompli, au service rendu, car alors la force majeure, quoique frappant le maître, le dispense de payer le salaire.

B) Cas où la force majeure frappe l'ouvrier. — La mort du serviteur ou de l'ouvrier est une cause de rup-

(1) L. 19, § 9, Locat. conduct. D.

ture du contrat de louage, car le contrat est fait, *intuitu personæ*.

La maladie peut être aussi une cause de rupture, lorsqu'elle met l'ouvrier dans l'impossibilité de pouvoir rendre les services auxquels il s'est engagé.

Le service militaire, dissout le contrat quand le domestique ou l'ouvrier ne fait que céder aux dures exigences de la loi du recrutement.

C) Qu'arrivera-t-il si le fait extérieur ne frappe spécialement ni le maître, ni l'ouvrier. — Si, en empruntant un exemple à Pothier (1), je loue des vendangeuses pour venir vendanger ma vigne et que, le jour venu, le temps ne me permette pas de vendanger, le salaire sera-t-il dû? Nous ne le croyons pas. En effet, dans la pensée des parties contractantes, le salaire était l'équivalent du travail promis et accompli. Mais, il en pourrait être autrement, dit M. Clamageran (2), et nous partageons son avis; par exemple, si j'avais loué les vendangeuses à l'avance, pour être sûr de ne pas en manquer le jour fixé, et pour ne pas subir tout-à-coup, la hausse des salaires; dans ce cas, il y a un véritable marché à forfait.

61. IV. *Compétence.* — L'article 5 de la loi du 25 mars 1838, sur les justices de paix, statue que les juges de paix connaissent sans appel jusqu'à la valeur de 100 francs, et à charge d'appel à quelque valeur que la demande puisse s'élever. « ..... 3° Des contestations relatives aux engagements respectifs des gens de travail

_____

(1) *Du louage*, n° 165.
(2) Clamageran, *loc. cit.*, p. 145.

au jour, au mois et à l'année, et de ceux qui les emploient ; des maîtres et des domestiques ou gens de service à gages ; des maîtres et de leurs ouvriers ou apprentis, sans néanmoins qu'il soit dérogé aux lois et règlements relatifs à la juridiction des prud'hommes.

En dehors de ces cas prévus, nous sortons des dispositions de notre article, nous ne pouvons plus les appliquer. Si donc les gens de travail, au lieu d'engager leurs services au jour, au mois, à l'année, devaient recevoir un prix proportionné à leur travail, faire, moyennant un salaire stipulé à forfait, un ensemble de travaux, ou enfin, s'ils travaillaient à la mesure ou à la pièce, nous rentrerions alors dans le droit commun, et les contestations qui s'élèveraient au sujet de pareils engagements n'appartiendraient à la compétence du juge de paix que dans la limite ordinaire de ses attributions, c'est-à-dire jusqu'à la somme de 200 francs.

62. Nous venons de voir, en transcrivant l'art. 5-3°, de la loi du 25 mars 1838, que ses dispositions ne dérogent pas aux lois et règlements, relatifs à la juridiction des prud'hommes.

Une loi du 13 mars 1806, en établissant un conseil des prud'hommes dans la ville de Lyon, a déterminé le but, l'étendue, les bases de cette institution. L'article 6 de cette loi porte : « Le conseil des prud'hommes est institué pour terminer, par la voie de conciliation, les petits différends qui s'élèvent journellement, soit entre des fabricants et des ouvriers, soit entre des chefs d'atelier et des compagnons ou apprentis. Il est également autorisé à juger jusqu'à la somme de 60 francs, sans forme, ni frais de procédure et sans appel, les différends à l'égard desquels la voie de conciliation aura été sans effet. »

Un décret du 3 août 1810 autorisa les prud'hommes à juger, quelle que fût la quotité du litige ; mais leurs jugements ne pouvaient être soumis à l'appel, si la condamnation n'excédait pas 100 francs en capital et en accessoires. Au-dessus de cette somme, l'appel pouvait être porté devant le tribunal de commerce de l'arrondissement, et à défaut de tribunal de commerce devant le tribunal civil de première instance.

Enfin, une loi du 1er juin 1853, dans son article 13, fixe le chiffre de leur compétence, sans appel, à la somme de 200 francs de capital, lorsque cette somme se trouve non plus dans la *condamnation*, mais dans la *demande*.

Il résulte donc de ces divers textes, que le juge de paix n'est compétent sur les difficultés auxquelles s'applique la juridiction des prud'hommes, que lorsque cette juridiction n'existe pas pour le canton où siège la justice de paix.

63. Le conseil des prud'hommes, les juges de paix, voilà donc, aujourd'hui, les deux seules juridictions compétentes dans les matières qui nous occupent. Jadis, cependant, il existait une autre compétence spéciale ; en effet, aux termes de l'art. 6 d'un arrêté du 3 frimaire an XII, combiné avec l'art. 19 de la loi du 22 germinal an XI, le préfet de police à Paris, les commissaires généraux dans les villes où il y en a d'établis, et les maires des communes dans les autres lieux, avaient la connaissance de tous les différends relatifs à la remise des livrets et à la délivrance des congés.

La loi du 14 mai 1851 est venue supprimer cette juridiction, en statuant *que les contestations qui pourraient s'élever relativement à la délivrance des congés ou à la rétention des livrets, seront jugés par les conseils des prud'hommes, et dans les lieux où ces tribunaux ne sont pas établis, par les juges de paix, en se conformant aux règles de compétence et de procédure prescrites par les lois, décrets, ordonnances et règlements.*

---

64. Avant d'en finir avec ce que nous avions à dire des ouvriers et des domestiques, nous devons transcrire ici la loi des 1-25 mai 1864 sur les coalitions.

Art. 1er. Les articles 414-415 et 416 du Code pénal sont abrogés. Ils sont remplacés par les articles suivants :

Art. 414. Sera puni d'un emprisonnement de six jours à trois ans, et d'une amende de seize francs à trois mille francs, ou de l'une ou de l'autre de ces deux peines seulement, quiconque, à l'aide de violences, voies de fait, menaces ou manœuvres frauduleuses, aura amené ou maintenu, tenté d'amener ou de maintenir une cessation concertée de travail, dans le but de forcer la hausse ou la baisse des salaires ou de porter atteinte au libre exercice de l'industrie ou du travail.

Art. 415. Lorsque les faits punis par l'article précédent, auront été commis par suite d'un plan concerté, les coupables pourront être mis, par l'arrêt ou le jugement, sous la surveillance de la haute police pendant deux ans au moins et cinq au plus.

Art. 416. Seront punis d'un emprisonnement de six jours à trois mois et d'une amende de seize francs à trois cents francs, ou de l'une de ces deux peines seulement tous ouvriers, patrons et entrepreneurs d'ouvrage qui, à l'aide d'amendes, défenses, prescriptions, interdictions prononcées par suite d'un plan concerté auront porté atteinte au libre exercice de l'industrie ou du travail.

Les articles 414-415-416 ci-dessus sont applicables aux propriétaires et fermiers ainsi qu'aux moissonneurs, domestiques et ouvriers de la campagne.

Les articles 19 et 20 du titre II de la loi des 28 septembre-6 octobre 1791 sont abrogés.

CHAPITRE II.

SERVICES RENDUS PAR LES APPRENTIS.

65. Le contrat d'apprentissage a été réglé par la loi du 22 février 1851.

Cette loi dans la section 1re du titre Ier, traite de la *nature et de la forme du contrat*.

Le contrat d'apprentissage, porte l'art. 1er, est celui par lequel un fabricant, un chef d'atelier ou un ouvrier s'oblige à enseigner la pratique de sa profession à une autre personne, qui s'oblige, en retour, à travailler pour lui, le tout à des conditions, et pendant un temps convenu.

Ce contrat n'est soumis à aucune forme, il peut être fait par acte public ou par acte sous seing privé, il peut aussi être fait verbalement. Lorsqu'il est constaté par un écrit, il doit contenir, porte l'art. 3 : 1° les noms, prénoms, âge, profession et domicile du

maître ; 2° les noms, prénoms et domicile de l'apprenti ;
3° les noms, prénoms, profession et domicile de ses père
et mère, de son tuteur ou de la personne autorisée par
les parents, et, à leur défaut par le juge de paix ; 4° la
date et la durée du contrat ; 5° les conditions de loge-
ment, de nourriture, de prix, et toutes autres arrêtées
entre les parties. Il devra être signé par le maître et par
les représentants de l'apprenti.

66. II. Dans la section II il est traité *des conditions du
contrat*. Nous y trouvons énoncées certaines incapacités
pour le maître, qui l'empêchent de recevoir des apprentis.

Le maître ne peut recevoir des apprentis mineurs s'il
n'est âgé de 21 ans au moins (art. 4).

Aucun maître, s'il est célibataire ou en état de veuvage,
ne peut loger comme apprenti des jeunes filles mineures
(art. 5).

Sont incapables de recevoir des apprentis, les individus
qui ont subi une condamnation pour crime ; ceux qui ont
été condamnés pour attentat aux mœurs ; ceux qui ont
été condamnés à plus de trois mois d'emprisonnement
pour les délits prévus par les art. 388, 401, 405, 406,
407, 408, 423 du Cod. pénal.

Toutes ces incapacités ont été introduites dans la loi
en vue de préserver l'apprenti des influences d'un
maître sans expérience ou sans moralité. Elles sont par
conséquent d'ordre public et absolues ; toute personne intéressée peut s'en prévaloir (1).

67. III. — Dans la section III il est traité *des devoirs
des maîtres et des apprentis :*

_____

(1) M. Clamageran, *loc. cit.*, p. 153.

Les devoirs du maître ont trait à l'éducation physique, morale, intellectuelle et professionnelle de l'apprenti.

Les devoirs de l'apprenti sont contenus dans l'art. 11, nous y lisons : l'apprenti doit à son maître, fidélité, obéissance et respect; il doit l'aider par son travail dans la mesure de son aptitude et de ses forces, il est tenu de remplacer, à la fin de l'apprentissage, le temps qu'il n'a pu employer par suite de maladie ou d'absence ayant duré plus de quinze jours.

68. IV. — Enfin, dans la section IV°, nous trouvons *les causes de résolution du contrat d'apprentissage.*

1° Les deux premiers mois de l'apprentissage, sont considérés comme un temps d'essai pendant lequel le contrat peut être annulé par la seule volonté de l'une des parties. Dans ce cas, aucune indemnité ne sera allouée à l'une ou à l'autre partie, à moins de conventions expresses (art. 14).

2° Le contrat d'apprentissage sera résolu de plein droit : par la mort du maître et de l'apprenti; si l'apprenti ou le maître est appelé au service militaire; si le maître ou l'apprenti vient à être frappé d'une condamnation prévue en l'art. 6 de la présente loi; pour les filles mineures, dans le cas de décès de l'épouse du maître ou de toute autre femme de la famille qui dirigeait la maison à l'époque du contrat (art. 15).

3° Le contrat peut être résolu sur la demande des parties ou de l'une d'elles; 1° dans le cas où l'une des parties manquerait aux stipulations du contrat; 2° pour cause d'infraction grave ou habituelle aux prescriptions de la présente loi; 3° dans le cas d'inconduite habituelle de la part de l'apprenti; 4° si le maître transporte sa résidence

dans une autre commune que celle qu'il habitait lors de
la convention. Néanmoins, la demande en résolution de
contrat fondée sur ce motif ne sera recevable que pendant
trois mois, à compter du jour où le maître aura changé
de résidence ; 5° si le maître ou l'apprenti encourait une
condamnation, emportant un emprisonnement de plus
d'un mois ; 6° dans le cas, où l'apprenti viendrait à contracter mariage.

69. V. — Le titre II de la loi du 22 février 1851 est
relatif à la *compétence*, il la confie aux prud'hommes et,
à leur défaut, aux juges de paix (art. 18 et 19).

CHAPITRE III.

AUTRES LOCATEURS DE SERVICES.

70. Après avoir étudié les dispositions de la loi sur
les engagements des domestiques, des ouvriers, des
apprentis, nous pourrions ici étudier les règles relatives
aux services rendus par les matelots ; mais nous crain-
drions que les développements que ce sujet exigerait ne
dépassassent les bornes de notre travail, aussi renvoyons-
nous purement et simplement au titre V° du Code de
commerce, article 250 et suivants.

Disons, enfin, que le louage de services n'embrasse pas
seulement les personnes que nous venons de mentionner,
mais qu'il s'étend encore aux maîtres-valets de labour,
aux commis, aux secrétaires, aux professeurs, aux médecins, aux avocats, aux artistes, aux savants, etc.....,

puisqu'ils peuvent tous louer leurs services, comme nous l'avons déjà établi.

71. Seulement, il est à remarquer qu'ils ne sont pas soumis aux dispositions exceptionnelles des articles 1780-1784, uniquement applicables aux domestiques et aux ouvriers. Et que, certaines de ces professions, quoique régies par les règles ordinaires du contrat de louage de service, se trouvent, sur certains points, dans une position spéciale ; ainsi, aux termes de l'art. 549-2° du Code de commerce, les commis ont un privilége pour le salaire des six mois qui ont précédé la déclaration de faillite. Aux termes de l'article 2101-3° du Code civil, les médecins ont un privilége pour les soins donnés pendant la dernière maladie. Enfin, nous rencontrons encore, au titre *de la prescription*, quelques dispositions particulières.

CHAPITRE IV.

DES VOITURIERS.

SECTION Iʳᵉ.

NOTIONS HISTORIQUES SUR LES MESSAGERIES.

72. Les messageries étaient jadis un droit royal. La sécurité du commerce et des voyageurs firent cependant qu'on s'occupa de bonne heure de leur réglementation.

Dès 1594, un édit de Henri IV crée un office de commissaire général et surintendant des coches et carrosses publics, auxquels il enjoint « de veiller à ce que toutes les dites coches publiques soient attelées bien et duement, comme il appartient, de bons et forts chevaux pour tirer, mener et conduire les dites coches publiques par cochers et gens capables et expérimentés pour les conduire, et que les dites coches soient maintenues et entretenues en bon équipage, afin qu'il n'y advienne aucun d'estourbier ou empêchement au publics. »

73. Il y avait autrefois, en France, plusieurs sortes de messageries, les messageries du roi, celles de l'Université, celles des divers seigneurs. Vers la fin de 1676, le roi ordonna le remboursement de la finance de celles de ces entreprises qui appartenaient à des particuliers, et la subrogation aux messageries de l'Université au profit du fermier général des postes de France.

74. Enfin, un arrêt du 7 août 1775 réunit au domaine du roi tous les priviléges concédés par ses prédécesseurs pour les droits de carrosses, diligences et messageries ; nous y lisons : « Sa Majesté, désirant faire jouir ses sujets de tous les avantages qu'ils doivent tirer des messageries bien administrées, et se mettre en état de leur en procurer de nouveaux par la suppression du privilége exclusif attaché aux dites messageries, aussitôt que les circonstances pourront le permettre, a résolu de substituer aux carrosses dont se servent les fermiers actuels, des voitures légères, commodes et bien suspendues, d'en faire faire le service à un prix modéré, également avantageux au commerce et aux voyageurs.

Une ordonnance du 12 août de la même année mettait ce projet à exécution.

75. Enfin, la loi du 26-29 août 1790 permet aux particuliers l'entreprise des transports sous des prix fixes et réguliers, mais maintient toujours à l'Etat le monopole des messageries.

Une loi du 25 vendémiaire 1793 accorda à tout entrepreneur particulier le droit d'indiquer des départs à époques fixes, de les annoncer et d'établir des relais.

La loi du 9 vendémiaire an VI dispose que la régie des messageries nationales cesse toutes fonctions; que désormais il sera perçu un dixième du prix des places dans les voitures exploitées par des entreprises particulières.

Un décret du 30 floréal an XIII vint restreindre cette liberté; nous lisons dans l'article 5 : « Aucune nouvelle entreprise de messageries ne pourra s'établir, à l'avenir, sans notre approbation.

Mais, la loi des finances, du 25 mars 1817, a rendu la liberté aux entrepreneurs de transports et de messageries, en n'exigeant d'eux qu'une déclaration annuelle indiquant le nombre, l'espèce de voitures, le prix des places, et de se munir d'une licence.

76. Si nous examinons l'ancienne jurisprudence sur ce sujet, nous verrons que toutes les règles ont trait à la *responsabilité* et au *privilége* du voiturier.

77. *Responsabilité*. — Le voiturier ne répond que des effets dont ses registres sont chargés. C'est ce qui a été jugé par un arrêt du Parlement de Paris.

Lorsque l'entrepreneur est chargé d'un dépôt par l'enregistrement qui en est fait sur la feuille, il répond même de la simple négligence, de la faute très-légère de ses cochers.

Le voiturier est responsable de tout ce qui se trouve dans sa voiture, dans ses magasins, dans ses bureaux. Mais, d'après un arrêt du 15 mars 1629, les maîtres des messageries ne sont pas tenus des vols faits dans leurs bureaux nuitamment et par effraction.

Les voituriers sont-ils responsables de la valeur entière des effets qu'on leur a confiés?

Il faut, pour répondre à cette question, distinguer deux époques.

Avant le 7 août 1775, on ne faisait pas difficulté, lorsque les effets se trouvaient perdus par la faute ou la négligence du maître des messageries ou de ses facteurs, de le condamner à en rendre la valeur au propriétaire, sur la déclaration détaillée que celui-ci en donnait et qu'il affirmait véritable. Et, cela, malgré un règlement du Châtelet de Paris, intervenu le 18 juin 1681, portant que ceux qui chargeront les messageries, rouliers, maîtres de coches et carrosses, de valises, coffres et autres choses fermées à clef, et ne feront pas sur le registre la déclaration des choses qui sont icelles, ne pourront demander pour la valeur des choses non déclarées sur le registre ou feuille, plus que la somme de 150 livres.

Ce règlement, en effet, fut déclaré nul par arrêt du Parlement du 31 janvier 1693. Aussi, les arrêts qui suivirent (16 mai 1700; 30 mai 1656; 3 septembre 1761), jugèrent sans avoir égard à ce règlement du Châtelet, entièrement annulé.

Mais, à partir du 7 août 1775, les choses changèrent

10

de face, car un arrêt du conseil transporta la connaissance de l'exploitation des messageries aux intendants
des provinces. Louis XVI, dans le tarif annexé à cet
arrêt, rappela, presque mot pour mot, le réglement du
Châtelet, qui, dès ce jour, fut remis en vigueur.

Il résulte des dispositions de ce tarif :

1° Que la perte des dentelles fines, galons, étoffes d'or
et d'argent, bijoux, pierreries et autres choses précieuses, en cas de perte, seront remboursées conformément à
la déclaration ou estimation faite sur le registre. — En
cas de fausse déclaration de la part de ceux qui feront
les envois, il sera perçu le double droit fixé par le présent
arrêt.

2° Que si la déclaration n'est pas faite, on ne rem-
boursera, en cas de perte, que 150 francs au maximum
pour les objets sous clef, c'est-à-dire valises, coffres et
malles.

3° Que pour tous autres objets, la responsabilité du
voiturier reste entière.

La responsabilité du voiturier prend fin lorsqu'il a
remis les objets entre les mains du destinataire, ou bien,
s'il ne trouve pas celui-ci, lorsqu'il les a déposées dans
un lieu fixé par l'autorité publique. (Arrêt du Parlement
de Flandre du 13 avril 1785).

78. *Privilége.* — Les voituriers ont un privilége sur
les marchandises qu'ils ont voiturées, pour le droit de
voiture et pour les droits de douane ou autres, qu'ils
auront payés à cause de ces marchandises (1).

(1) Domat, *Lois civiles*, liv. III, tit. I, *Des gages et hypoth.
des priviléges des créanciers*, sect. V. II.

SECTION II.

Des voituriers dans le droit moderne.

79. Il ne faut pas prendre le mot de *voiturier*, comme semble faire le législateur, dans un sens étroit et restreint. Il faut, au contraire, voir là une expression générique embrassant tous les entrepreneurs qui se chargent du transport des voyageurs ou des marchandises.

On divise les voituriers en deux classes (1), les uns à prix fixe, qui partent à des époques périodiques, déterminées et annoncées à l'avance; les autres à des époques indéterminées et à des prix débattus.

Dans le premier cas, les voituriers sont commerçants, ils ne le sont pas dans le second.

§ 1er.

Voituriers partant à époque fixe.

80. Les voituriers sont responsables de la valeur totale des objets qui leur ont été confiés. Pour se soustraire à cette obligation, nous les avons vus invoquer l'art. 62 de la loi du 24 juillet 1793, qui, s'inspirant des dispositions du règlement du Châtelet du 18 juin 1684 et du tarif annexé à l'arrêt du conseil du 7 août 1775, limitait à

(1) Pardessus, *Cours de droit commercial*, n° 557 et suiv.

150 francs la responsabilité des messageries. Mais cette prétention ne pouvait pas être admise ; on invoquait, en effet, un texte qui avait pris naissance à une époque où les messageries étaient concentrées dans les mains de l'Etat, un texte fait uniquement en faveur de la nation, dont il est impossible d'étendre le bénéfice exceptionnel aux voituriers, aux entrepreneurs de messageries d'aujourd'hui, c'est-à-dire à de simples particliers (1).

Toutefois les entrepreneurs de transports ne pouvant faire triompher, pour se soustraire à leurs obligations, le système de responsabilité limitée qu'ils avaient mis en avant, en s'appuyant sur la loi du 24 juillet 1793, ont imaginé de délivrer aux expéditeurs, aux voyageurs, un billet portant qu'au cas de perte des effets, il ne serait payé à titre d'indemnité qu'une somme de 150 francs. M. Duvergier croit qu'il y a là une précaution suffisante pour mettre le voiturier à l'abri d'une responsabilité supérieure à cette somme : celui qui accepte, dit-il, sciemment, un récépissé dans lequel est insérée une pareille mention, se soumet, à la condition qu'elle exprime, est lié par une convention tacite dont la validité et la force obligatoire sont incontestables.

Combien, néanmoins, nous préférons le système émis par Pardessus (2), Marcadé (3), et que M. Clamageran (4)

(1) Merlin, *Réperl. de jurisprud.*, v° *Messageries*, § 2, n° 4 et 7. — Toullier, t. X, 447. — Duvergier, *Cont. de louage*, n° 524. — Zachariæ, t. III, p. 45. — Troplong, t. III, 925. — Marcadé, art. 1786. — Clamageran, *loc. cit.*, p. 179.

(2) *Cours de Droit commercial*, II, n° 554.

(3) Marcadé, art. 1786, II.

(4) *Loc. cit.*, p. 179.

formule en ces termes : « quant aux bulletins imprimés
qu'on distribue aux voyageurs, ils me paraissent tout-à-
fait impuissants à limiter la responsabilité des messageries.
Rien ne prouve que le voyageur ait consenti à ces conditions ; il n'y a pas là, ce concours de deux volontés,
indispensable pour l'existence d'un contrat. On peut
ajouter, quand il s'agit d'une somme dépassant 150 fr.,
qu'il faudrait un acte signé des deux parties, car nous
sommes dans un des cas où il est possible et facile de se
procurer un écrit. »

Le voiturier pourrait donc, au moyen d'un écrit signé
des deux parties, se soustraire à toute responsabilité,
mais les compagnies de chemins de fer le pourraient-elles ?
Nous ne le croyons pas. Le monopole, en effet, dont elles
sont investies, les met dans une position toute spéciale,
car l'expéditeur, forcé d'avoir recours à elles pour opérer
ses transports, ne jouit pas d'une liberté suffisante pour
signer une pareille convention.

81. Les entrepreneurs de transports sont responsables,
non seulement des effets en général, malles, valises,
linges, etc..., mais encore des sommes d'argent, bijoux,
pierres précieuses, etc..., contenues dans les bagages
perdus, si le voyageur en avait fait la déclaration. Sur
ce point, pas de difficulté possible.

82. Mais lorsque des effets précieux ont été placés
dans les malles, dirons-nous, que, faute de déclaration
spéciale et détaillée de la part du voyageur, le voiturier sera tenu ? Nous ne le pensons pas. Cependant,
l'opinion contraire s'est produite, elle a invoqué les
dispositions des articles 1784 du Code civil et 103 du
Code de commerce, desquelles il résulte que, hors le cas

de force majeure, le voiturier est tenu de la perte des
objets qui lui sont confiés. Ce système doit être rejeté,
parce que 1° si l'article 1784 soumet le voiturier à une
responsabilité rigoureuse, c'est que, d'un autre côté,
l'article 1785 lui impose l'obligation de tenir registres
de l'*argent*, effets et paquets qui lui sont confiés ; mais,
dès-lors que le voyageur ne déclarant pas l'*argent*, les
effets précieux, met le voiturier dans l'impossibilité d'exécuter l'article 1785, l'article 1784, qui n'en est qu'une
conséquence, devient lui-même inapplicable. 2° Le voiturier est assimilé à l'aubergiste (art. 1782), et voici ce
que nous lisons dans le nouveau Denisart (1) : « *Il n'est
pas libre de rendre les aubergistes responsables des sommes
indéfinies, en supposant dans les malles des effets précieux,
tels que des diamants et des bijoux, qui ne soient pas pré-
sumés y être. En pareil cas, il faut déclarer à l'aubergiste
qu'on est porteur d'effets précieux, dont on le charge nom-
mément.* » 3° Enfin, la surveillance du voiturier sera
plus vigilante lorsqu'il saura que des objets d'un grand
prix lui sont confiés ; son ignorance est peut-être la cause
de la perte de ces objets. Le voyageur doit donc suppor-
ter la perte que le voiturier aurait prévenue, s'il avait
connu la nature des choses qui lui sont confiées. Au
reste, il faut encore remarquer que le prix, pour ces
objets précieux, étant supérieur à celui des autres objets,
puisque les risques en sont plus considérables, vouloir
se soustraire à cette augmentation de taxe, c'est renoncer, à l'avance, aux avantages de la restitution. C'est
même plus, c'est commettre une fraude en cherchant à

_____

(1) V° *Aubergistes*, § 3, n° 3.

éviter des droits légitimement dus aux voituriers pour le transport des objets qui exigent des soins plus attentifs, une surveillance plus active (1).

Toutes nos préférences sont cependant pour un troisième système, qui considère la déclaration comme inutile, lorsqu'il s'agit de sommes nécessaires aux dépenses du voyage, ou d'effets en rapport à la position sociale du voyageur. Et cela, parce que le voiturier doit être tenu, aux termes de l'article 1150 du Code civil, des obligations qu'il a pu prévoir au moment du contrat, et que, dans l'espèce, il a dû prévoir que certaines personnes, à raison de la longueur ou du but de leur voyage, ou de leur rang dans la société pouvaient, devaient même avoir dans leurs bagages des objets de telle ou telle importance (2).

83. La responsabilité du voiturier commence du moment où les choses dont le transport lui est confié sont placées sous sa garde ou celle de ses agents. Il est responsable, non-seulement de la perte entière de l'objet, mais encore de toute avarie et même de tout retard (argum. à contrario, de l'art. 104 Cod de comm.). La responsabilité ne cesse, pour lui, que dans le cas de force majeure ; on est même allé jusqu'à exiger que, de sa part, il n'y eût possibilité ni de l'empêcher, ni de la prévoir. C'est ce que décide un arrêt de la Cour de Metz,

(1) Duvergier, *du louage*, n° 529. — Rebol et Juge, *Traité des chemins de fer*, n° 511. — Paignon, *Traité juridique des chemins de fer*, n° 480.

(2) Bordeaux, 24 mai 1858, *Gazette des Tribunaux*, du 23 juin 1858. — Trib. de comm. de la Seine, 17 nov. 1858. — *Gazette des trib.*, 24 nov. 1858. — Cassat., 16 mai 1859.

où nous lisons : «les voituriers ne peuvent exciper des cas fortuits, qu'autant qu'ils justifient qu'il n'y a eu ni négligence, ni imprudence, ni incurie de leur part et qu'ils ont été dans l'impuissance de prévenir, éviter et atténuer les effets de l'événement qui a amené fortuitement la perte ou les avaries. »

84. Le voiturier pourrait-il stipuler qu'il ne répondra pas des avaries? Une pareille clause nous paraît inadmissible; elle est immorale puisqu'elle tend à affranchir le voiturier de la responsabilité de ses fautes et de ses délits (1).

M. Troplong pense que cette clause ne devrait produire d'autre effet que de mettre la preuve de la faute du voiturier à la charge de l'expéditeur, en un mot de détruire au préjudice de celui-ci la présomption qui résulte pour lui des dispositions de l'art. 1784 (C. civil).

Mais il nous semble qu'accepter le système de M. Troplong, c'est, sous la simple apparence d'une question de preuve, affranchir entièrement le voiturier de la responsabilité de ses fautes et de ses délits. En effet, remarquons que si le législateur fait peser sur le voiturier la présomption de faute, c'est uniquement parce que l'expéditeur se trouve dans l'impossibilité de surveiller la conduite du voiturier pendant le voyage, et par conséquent de pouvoir établir sa faute. Tandis que le voiturier est toujours en position de prouver le cas fortuit, la force majeure. « Ainsi, s'écrie M. Sourdat (2), permettre au voiturier de stipuler l'affranchissement de cette présomption serait, en réalité, l'affranchir même de sa faute, et

(1). Pardessus, t. II, n° 542.
(2) *De la responsabilité*, t. II, n° 995.

les anathèmes de M. Troplong, contre la stipulation expresse, retombent de tout leur poids sur ceux qui, moins
effrontés, mais plus dangereux peut-être, arrivent au
même but par une voie détournée. »

85. Le voiturier peut cependant stipuler la *clause de
franc-d'avaries* pour certains objets particuliers, fragiles
ou précieux, qui l'exposent à une responsabilité plus
grande.

Le voiturier n'est plus responsable lorsque l'avarie est
le résultat d'un vice propre de la chose, ou d'une faute
de la part de l'expéditeur (1).

86. Les voituriers répondent, non-seulement de ce
qu'ils ont déjà reçu dans leur bâtiment ou voiture, mais
encore de ce qui leur a été remis sur le port ou dans
l'entrepôt, pour être placé dans leur bâtiment ou voiture.

Les voituriers sont responsables de leurs agents, d'un
voyageur qu'ils transportent et même d'un tiers, car leur
responsabilité découle de l'assimilation que l'art. 1382 en
fait avec l'aubergiste : *Et puto*, dit Ulpien *(nautam) factum non solum nautarum præstare debere sed et vectorum*
(l. 1, § 8, D. *nautæ caupones*) (2).

87. Arrivons à la preuve de la remise des objets :

Devons-nous profiter des dispositions de l'art. 1782,
continuer l'assimilation du voiturier et de l'aubergiste à
propos de la preuve ? Nous savons que le seul apport des
effets dans l'hôtellerie constitue un dépôt nécessaire, qui
peut être prouvé par témoins, par des présomptions ou
par le serment supplétoire (C. civil, 1348 et 1952).

---

(1) *Gazette des Trib.*, 23 juillet 1866.—Paris, 17 juillet 1866.
(2) Sourdat, *de la responsabilité*, t. II, n°s 973-1019.

Faut-il accepter le même mode de preuve à l'égard du voiturier? Évidemment non, car il en est autrement des effets confiés à une entreprise de transport, la remise n'en est plus considérée comme dépôt nécessaire.

« Les circonstances différentes, écrit M. Duvergier, dans lesquelles se trouvent placés le voyageur qui, en arrivant dans une auberge, y dépose ses effets, et l'expéditeur qui remet des objets à un voiturier pour les transporter, expliquent pourquoi, l'un doit être admis à faire la preuve par témoins du dépôt, tandis que l'autre ne peut user du même moyen pour établir la remise. C'est qu'en effet les voyageurs ne peuvent pas, on le sait, en déposant leurs effets dans une auberge demander un écrit, un récépissé, tandis que l'expéditeur peut, doit même l'exiger du voiturier. Donc, par cela seul qu'il n'y a pas eu dépôt nécessaire dans la rigoureuse acception du mot et qu'on a pu se procurer une preuve écrite, la preuve testimoniale au-dessus de 150 fr. ne doit pas être admise (1). »

88. Le voiturier, porte l'article 2102-6° du Code civil, a un privilége pour les frais de voiture et dépenses accessoires, sur la chose voiturée. Mais ce privilége subsiste-t-il après le dessaisissement de la chose ?

Oui, répondent certains auteurs, parce que le privilége du voiturier n'est pas fondé sur l'idée de gage, il se rattache à des considérations d'intérêt général. Est-ce que le voiturier n'augmente pas la valeur des objets transportés d'un lieu dans un autre? Est-ce que la chose

(1) Conf. Toullier, t. IX, n° 203. — Duranton, XIII, n° 514. — Troplong, III, n° 908. — Marcadé, art. 1786, I, — Cout. Clamageran, loc. cit., p. 186.

voiturée n'est pas augmentée du prix de transport, ne vaut-elle pas, en plus, ce qu'elle a coûté pour son dépla-cement; en un mot, le voiturier n'est-il pas un *procréa-teur* de valeur, un véritable producteur? Les économis-tes, sur ce point, ne semblent éprouver aucun doute; ils considèrent tous, comme une des branches de la richesse publique, la *production commerciale*, et les juris-consultes ne sont pas tellement éloignés de cette idée lorsqu'ils nous disent, et c'est Cujas qui parle : *Quoniam sine ea merces salvæ pervenire non poterant* (1).

Nous n'admettons pas ce système, car il n'est pas exact de dire que la valeur des choses augmente par le déplacement; cela peut bien être vrai quelquefois, mais il n'en est pas toujours ainsi : par exemple, de vieux meubles, transportés de Paris à Versailles, ne se ven-draient pas plus cher à Versailles qu'à Paris. En outre, le contraire se produirait-il, la valeur de la chose aug-menterait-elle, il n'y aurait là qu'*amélioration* et nulle-ment *conservation*. Or, nous savons que le Code n'admet pas que l'amélioration des choses mobilières soit une cause de privilége. Le privilége du voiturier ne peut donc avoir d'autre cause qu'un gage tacitement consenti, d'où il suit qu'il est subordonné à la possession. Au reste, ce qui confirme cette opinion, c'est que l'aubergiste, auquel le voiturier est assimilé, perd son privilége par le dessai-sissement des objets. Qu'on ne nous objecte pas qu'aux termes de l'article 307 du Code de commerce, le capi-taine conserve son privilége 15 jours après le déchar-

(1) Conf. Duranton, t. XIX, n° 154. — Troplong, *Des priviléges*, n° 207. — Bravard-Veyrières, *Manuel de droit commercial*, p. 177.

gement, et qu'on ne cherche pas à établir d'assimilation entre ces deux situations ; car le capitaine se trouve dans une position toute exceptionnelle, puisque l'article 306 statue qu'il ne peut retenir la marchandise dans son navire, faute de paiement de son fret, tandis que le voiturier peut retenir les objets voiturés tant qu'il n'a pas été payé ; s'il les remet volontairement, c'est qu'évidemment il a suivi la foi de son débiteur (1).

89. L'action contre le voiturier s'éteint de deux manières : 1° par la réception des objets ; 2° par la prescription. La réception, porte l'article 105 du Code de commerce, des objets transportés et le paiement du prix de la voiture, éteignent toute action contre le voiturier. Mais remarquons que la réunion de ces deux circonstances est indispensable, la réception des objets et le paiement. Celui, en effet, qui reçoit simplement, sans payer, est censé avoir voulu se donner le temps de réfléchir, d'examiner et de faire ses réclamations. Mais le paiement ne sera pas toujours une fin de non-recevoir, on peut quelquefois payer d'avance sans avoir l'intention de décharger le voiturier de sa responsabilité ; c'est ce qui a lieu quand le transport est effectué par chemins de fer ; il est bien impossible, en pareil cas, de voir dans le paiement un signe de renonciation à l'action.

90. Quant à la prescription, voici ce que statue l'article 108 du Code de commerce : toutes actions contre le

_____

(1) Conf. Merlin, *Répert.*, v° *Privil.*, sect. 1, § 4. — Delvincourt III, not. 5, p. 115. — Persil, sur l'art. 2102, § 6, n° 1 et 2. — Dalloz, v° *Hypoth.*, ch. 1, sect. 1, art. 2, § 2, n° 21. — Valette, *Traité des privilèges et hyp.*, n° 75. — Aubry et Rau, II, p. 114. — Mourlon, *Répet. écrit.*

commissionnaire et le voiturier, à raison de la perte ou de l'avarie des marchandises, sont prescrites, après six mois, pour les expéditions faites dans l'intérieur de la France et après un an pour celles faites à l'étranger ; le tout à compter, pour les cas de perte, du jour où le transport des marchandises aurait dû être effectué, et pour les cas d'avarie, du jour où la remise des marchandises aura été faite ; sans préjudice des cas de fraude ou d'infidé-lité.

On a prétendu, et il a été jugé, que la prescription de l'article 108 du Code de commerce n'était pas applicable lorsqu'il s'agissait d'un objet dont l'expéditeur n'est pas commerçant. Mais ce système a été critiqué, et l'on a dit que le commissionnaire de transports, qu'il se charge de marchandises proprement dites pour un négociant, ou d'effets, pour un particulier, n'en fait pas moins un acte de commerce : par conséquent, ses obligations doivent toujours être déterminées par le Code de commerce. Au reste, les mêmes motifs d'équité, de célérité dans les affaires, de bon ordre, subsistent dans les deux cas. Dès-lors, l'extension des mêmes dispositions est toute naturelle.

Quant à l'objection qu'on fait que l'article 108 du Code de commerce parle de l'action pour perte ou avarie des marchandises, ce qui fait supposer que l'expéditeur est commerçant, nous répondrons que le mot *marchandises* est un mot vague qui comprend toute espèce de choses, car tout objet est une marchandise pour l'entre-

(1) Rej. 14 juillet 1810, D. P. 17, 1, 14. — Marcadé, art. 1786, III. — Troplong, III, n° 928. — Zachariæ, t. III, p. 44.

preneur de roulage et au point de vue du transport (1).

91. Aux termes de la loi du 25 mai 1838, art. 2, le juge de paix prononce sans appel jusqu'à la valeur de 100 francs et à charge d'appel jusqu'au taux de la compétence en dernier ressort des tribunaux de première instance, sur les contestations entre les voyageurs et les voituriers ou bateliers pour retard, frais de route, perte ou avarie d'effets accompagnant les voyageurs.

Mais, en outre, les entrepreneurs de transports étant commerçants sont justiciables des tribunaux de commerce.

Nous donnerons plus loin des développements à ces principes de compétence qui, au premier abord, paraissent contradictoires.

II.

Transport à époque irrégulière.

92. Ceux qui exercent ce genre de transport généralement ne sont pas commerçants, ils peuvent l'être cependant, c'est ce qui arrivera lorsque ce seront des entrepreneurs qui loueront leurs voitures à l'heure, à la journée, ou au mois, toutes les fois enfin que le transport des personnes ou des marchandises s'effectuera par entreprise. Dans ce dernier cas, les voituriers

(1) Vazeille, *Prescription*, t. II, n° 745. — Duvergier, *Louage*, t. II, n° 352.

sont soumis à toutes les règles que nous avons précédemment exposées, mais lorsqu'ils ne sont pas commerçants, ils sont soustraits à quelques-unes de ces
règles.

On s'est demandé si le voiturier non commerçant
pouvait jouir du bénéfice de l'art. 105. Il nous semble
que l'affirmative doit être soutenue, parce que les mêmes
raisons qui l'ont fait établir en matière commerciale s'appliquent aussi bien en matière civile. Il importe dans les
deux cas que le litige reçoive une prompte solution pour
que le voiturier, ordinairement étranger, puisse partir
sans laisser un procès derrière lui.

Mais nous ne croyons pas que le bénéfice de l'art. 108
puisse profiter aux voituriers non commerçants, les mêmes
raisons de décider que dans le cas précédent ne se ren-
contrant pas.

APPENDICE SUR LES CHEMINS DE FER

93. Aujourd'hui les chemins de fer ont tout envahi,
c'est le mode de locomotion et de transport le plus com-
mode, le plus rapide, et, par conséquent, le plus favorable au mouvement commercial. Ils ont singulièrement
amoindri le rôle des voituriers qui, chaque jour, va s'af-
faiblissant et s'effaçant davantage.

En France, l'État n'a voulu se charger ni de la construction, ni de l'exploitation des chemins de fer, il n'a pas

imité l'exemple de la Belgique, de la Russie, de l'Autri-
che, des Etats d'Allemagne; mais si, de nos jours comme
jadis, l'administration n'a pas considéré comme un droit
royal pour se l'approprier l'exploitation des voies ferrées,
du moins elle l'a considérée comme tel pour accorder
ou refuser les concessions et pour leur imposer ses conditions (1).

(1) En France, l'Etat, sur certains chemins, a exécuté les travaux de terrassement et les travaux d'art. Il a fourni les terrains
et construit les stations; la Compagnie a ballasté, posé la voie et
fourni le matériel fixe et roulant. La Compagnie a exploité et
recueilli tous les bénéfices de l'exploitation, à la seule condition
de partager avec l'Etat les bénéfices au-delà de 8 p. 100 (Chemin
de Paris à Strasbourg).

Sur d'autres chemins, celui de Tours à Nantes par exemple,
l'Etat a exécuté les travaux d'art et de terrassement, mais il n'a
pas fourni les terrains et n'a pas construit les stations. Plusieurs
lignes ont été construites par des Compagnies, avec subvention de
l'Etat, en argent (Avignon à Marseille).

Sur quelques-uns, l'Etat est intervenu au moyen de prêts faits
à la Compagnie, à des conditions avantageuses : Strasbourg-
Bâle, Versailles (rive gauche), etc. Pour les chemins d'Orléans,
de Lyon, de Lyon à la Méditerranée, de l'Ouest, de Lyon-
Genève, etc., l'Etat a garanti l'intérêt à 4 p. 100, sur un certain capital. La faculté d'exproprier les terrains, pour l'établissement des chemins de fer, de les exploiter et d'en percevoir les
bénéfices, n'a été accordée que pour des laps de temps invariables
de durée, laps de temps après lesquels le chemin devenait la propriété de l'Etat; et toutes les Compagnies recevant une subvention du gouvernement, sous quelque forme que cette subvention
se présentât, ont contracté l'obligation de partager leurs bénéfices
avec l'Etat, dès que ces bénéfices dépasseraient 8 p. 100 du capital
engagé. La même obligation a été imposée même à des Compagnies
qui n'avaient reçu aucune subvention. Au moment de la fusion
des Compagnies, l'Etat a uniformisé la durée des concessions pour
toutes les Compagnies, en la fixant à 99 ans (*Notions générales
sur les chemins de fer*, par Aug. Perdonnet, p 120).

94. La concession d'un chemin de fer s'accorde soit en vertu d'une loi, d'une ordonnance ou d'un décret spécial en faveur d'un individu ou d'une compagnie, soit par voie d'adjudication publique au moyen de soumissions cachetées, en faveur de celui qui offre les plus grands avantages à l'Etat par suite de la réduction la plus considérable dans la durée de la concession.

Mais les concessionnaires, dont les droits reposent sur un monopole, ne doivent pas pouvoir se servir de cette situation exceptionnelle pour exploiter à leur profit les tiers, c'est-à-dire les voyageurs, les expéditeurs, les destinataires ; aussi, s'établit-il entre l'Etat représentant l'intérêt général et les compagnies des obligations réciproques, qui sont réglées par les *cahiers des charges.*

Nous n'avons pas ici à entrer dans l'analyse de toutes les dispositions de ces cahiers. Les Compagnies de chemins de fer n'étant autre chose que des voituriers exerçant, il est vrai, leur industrie sur une échelle plus vaste et avec des capitaux plus considérables, sont soumises aux mêmes règles du droit commun que ceux-ci. Nous nous bornerons donc à l'examen de quelques dispositions spéciales qui les régissent par suite du monopole dont elles jouissent, et qui ont trait soit aux *tarifs*, soit aux *transports* des marchandises, soit à la *compétence.*

95. Tarifs. — Le tarif, c'est-à-dire le prix et les conditions des transports, est réglé par le cahier des charges ; c'est une des conditions de la concession.

Ce tarif du cahier des charges n'est pas forcément destiné à être mis en vigueur ; il ne fait que fixer le *maximum* du prix de transport, laissant aux Compagnies la faculté de l'abaisser selon les exigences du commerce et de leur exploitation. Donc, sur ce premier tarif imposé, la Compagnie doit établir le sien. Mais, en vertu de l'art. 44 de l'ordonnance du 15 novembre 1846, ce nouveau tarif ne peut être mis à exécution qu'en vertu d'une homologation du ministre des travaux publics. Il y a là une conséquence du système de protection, établi dans l'intérêt des tiers contre le monopole ; il peut arriver, en effet, et il est arrivé que les Compagnies réduisissent leurs tarifs en faveur d'une entreprise de transport correspondant avec le chemin de fer, au préjudice d'une entreprise rivale faisant le même service. En outre, les nouvelles modifications de tarif faites par les Compagnies ne sont exécutoires que lorsqu'elles ont été affichées pendant le délai d'un mois (1) ; car le public, qui est en possession d'un tarif homologué qu'il connaît et auquel il obéit, est sans nul doute intéressé à connaître les changements qui vont se produire et à s'op-

(1) Ordonnance du 15 novembre 1846.

poser par ses réclamations aux modifications qui peuvent le léser dans ses intérêts.

96. Cette homologation doit résulter d'un arrêté ministériel ; une lettre missive ne suffirait pas. L'approbation ministérielle ne suffit même pas toujours, car il résulte de presque tous les cahiers des charges que les changements de tarif ne peuvent être légalement appliqués qu'après avoir été rendus exécutoires par arrêté des préfets dans les départements que traverse la ligne du chemin de fer.

97. Quand les Compagnies, pour les modifications de leur taxe, ne se sont pas soumises à ces dispositions, on est en droit, si on a payé un excédant en obéissant aux changements illégaux, de se faire restituer la somme indûment perçue, et même de faire condamner ces Compagnies à des dommages-intérêts, si, par suite de ces modifications, on a subi un préjudice (1).

Il faut décider encore que la même responsabilité incombe aux compagnies lorsque, sans changer directement le tarif, elles l'ont fait indirectement ; par exemple, en accordant une prime à une entreprise de transport exploitant une partie de son parcours pour faire tomber une entreprise rivale, car, en agissant ainsi, ce serait se soustraire à la surveillance organisée contre leur monopole (2).

98 Remarquons, toutefois, qu'une dérogation a été

(1) Civ. rej., 10 janvier 1849 ; D. P. 49, 1, 10. — Civ. Cass., 19 juin 1850 ; 50, 1, 137.

(2) Civ. rej., 10 janvier 1849 ; D. P. 49, 1, 10.

apportée à l'art. 49 de la loi de 1846 en ce qui concerne :
1° les transports des marchandises de transit pour lesquels
le ministre peut autoriser les compagnies, qui en feraient
la demande, à percevoir les prix et appliquer les conditions
qu'elles jugeront les plus propres à combattre la concurrence qui leur est faite par les voies étrangères. Elles
sont dispensées dans ce cas des formalités d'affichage ;
2° les transports des marchandises d'exportation, qui
sont également dispensées des formalités d'affichage.

99. II. DES DIFFÉRENTS TARIFS. — A. *Tarifs généraux.* — Les tarifs généraux se divisent en grande et en
petite vitesse ; ils comprennent :

1° Les voyageurs dont la taxe est perçue par tête,
pour lesquels il n'existe pas de petite vitesse, mais qui
sont séparés en trois catégories ou trois classes pour
chacune desquelles il y a un tarif différent.

3° Les animaux pour lesquels il n'existe qu'une petite
vitesse, et dont la taxe est perçue par tête. Cependant,
lorsqu'ils seront, sur la demande des expéditeurs, transportés à la vitesse des trains de voyageurs, les prix seront
doubles.

3° Les marchandises. Elles peuvent être transportées à
grande ou à petite vitesse. Le prix en est fixé dans les deux
cas à raison de tant par tonne de 1000 kilog. et par kilom.
Lorsqu'elles sont transportées par la grande vitesse, le
prix est le même, quelle que soit la nature de la marchandise. Lorsqu'elles sont transportées par la petite vitesse,
on les classe en trois et même en quatre catégories,
depuis les concessions de chemins de fer nouveaux com-
pris dans la loi de 1861.

4° Pour le transport des voitures et matériel roulant, la taxe est établie en petite vitesse, suivant la nature de l'objet transporté ; en grande vitesse, le tarif est doublé.

5° Pour le service des pompes funèbres, le transport n'a lieu qu'en grande vitesse, et la taxe est fixée par voiture et par cercueil.

100 B. *Tarifs exceptionnels*. — Le tarif exceptionnel s'applique :

1° A tous objets non énoncés formellement au tarif général ou qui ne pèseraient pas 200 kilog. sous le volume d'un mètre cube.

2° Aux animaux dont la valeur excéderait 5000 fr.

3° Aux matières inflammables ou explosibles, aux animaux et objets dangereux pour lesquels des règlements de police prescrivent des précautions spéciales.

4° A l'or et à l'argent, soit en lingots, soit monnayés ou travaillés ; au plaqué d'or ou d'argent, au mercure et au platine, ainsi que aux bijoux, pierres précieuses et autres valeurs.

5° En général, à tous paquets, colis ou excédants de bagages, pesant *isolément* moins de 40 kilog.

Cependant, quant à cette dernière catégorie, des dispositions particulières se trouvent reproduites dans certains cahiers des charges ; ainsi, celui du chemin de fer d'Orléans (1), celui de la Compagnie du Nord (2), contiennent : « Et, en général, à tous paquets, colis ou

_____

(1) L. du 26 juillet 1844.
(2) L. du 15 juillet 1845.

excédants de bagages pesant *isolément* moins de 50 kil., d'objets expédiés par une même personne à une même personne et d'une même nature, quoique emballés à part, tel que sucre, café, etc... »

En présence de ces dispositions, la première question qui s'est présentée a été de savoir ce que signifiaient ces mots, *même nature*. Il a été décidé, par arrêt de la Cour suprême, qu'il ne s'agissait pas d'une identité de nature au point de vue chimique, c'est-à-dire *de substance identique* ; les exemples cités par les cahiers des charges s'opposaient à cette interprétation, puisque les denrées qui y figurent sont de substance bien différente, mais que ces expressions *de même nature* signifiaient, de même nature commerciale, ayant une analogie d'origine et de destination (1).

. Devons-nous accepter cette interprétation comme juste et à l'abri de toute critique? Évidemment, non. Les entrepreneurs de transports proposaient une interprétation plus vraie, croyons-nous, en prétendant que ces mots *même nature* devaient s'entendre dans le sens de même classe d'objets tarifés. M. Clamageran (2) partage cette manière de voir, et il ajoute : « D'abord, il sera souvent bien difficile de déterminer quels sont les objets qui rentrent dans un même commerce, aujourd'hui surtout où, grâce à la libre concurrence, les négoces les plus divers sont exercés par les mêmes individus. Ensuite, il serait bizarre de voir figurer dans un seul groupe, des objets qui ne figuraient pas dans la même classe du tarif. C'est cependant ce qui arrive..... Ne vaudrait-il

(1) Cass., 9 mai 1855; D. P. 55, 1, 217.

pas mieux, selon le précepte de Dumoulin, interpréter la loi *Secundum subjectam materiam*, et décider que le législateur s'occupant de tarifs et se servant du mot « nature » lui a donné le sens de nature « *tarifable ?* » D'ailleurs, au point de vue du surcroît de frais que les petits colis occasionnent (et nous verrons plus loin que c'est là le seul motif du tarif exceptionnel), qu'importe que les objets soient de nature commerciale? Ce qui importe, c'est de savoir s'ils sont ou non de même nature tarifable, parce que l'application du même tarif constitue une économie de temps, de soins et d'écritures. »

Une autre question a été celle de savoir, quelle étendue il fallait donner à ces expressions de certains cahiers des charges : « expédiés d'une même personne à une même personne. » Pouvait-on dire qu'elles étaient applicables au cas où un commissionnaire de transports expédiait différents colis, paquets, pesant ensemble 50 kil., à son correspondant chargé de les distribuer aux destinataires ? C'est, qu'en effet, les entrepreneurs de transports, pour éviter le tarif exceptionnel, ont imaginé deux opérations : la première, *groupage à couvert*, consiste à réunir plusieurs colis sous un même emballage ; la deuxième, *groupage à découvert*, consiste à réunir plusieurs colis distincts emballés séparément sous le nom d'un seul expéditeur et d'un seul destinataire.

Les Compagnies de chemins de fer ont contesté aux expéditeurs le droit au groupage.

Mais un arrêt de la Cour suprême, à la date du 20 juillet 1853 (1), a tranché, quant au *groupage à couvert*,

(1) D. P. 55, 1, 217.

la question, en statuant : « Attendu qu'aucune disposition du cahier des charges ne fait défense à plusieurs expéditeurs de réunir, sous un même ballot, les objets qu'ils veulent faire transporter sur la voie de fer, dans le but légitime de ne payer que le prix du tarif ordinaire ; que les expéditeurs peuvent également charger un intermédiaire commun d'expédier, sous une même enveloppe, en les réunissant en un seul colis pesant plus de 50 kil., les objets qui lui sont remis en colis séparés, d'en surveiller le départ et l'arrivée ; que les expéditeurs et cet intermédiaire, en recourant à cette combinaison pour économiser les frais de transport, ne font qu'user de leurs droits ; qu'ils ne portent aucune atteinte aux privilèges du chemin de fer, qui, pour les colis supérieurs à 50 kil., ne peut réclamer d'autres prix que ceux qui lui sont attribués par l'art. 41 du cahier des charges (chemin de fer du Nord c. Guérin).

M. Clamageran (1) partage cette opinion, qui, du reste, se trouve désormais vidée, par suite d'une disposition nouvelle, introduite dans les nouveaux cahiers des charges (2) : « toutefois, les prix de transport déterminés au tarif sont applicables à ces paquets, colis ou excédants de bagage, quoique emballés à part, s'ils font partie d'envois pesant ensemble au-delà de 50 kil. d'objets expédiés par une même personne à une même personne et d'une même nature, tels que sucres, cafés, etc., etc. *Le bénéfice de la disposition énoncée dans le paragraphe précédent ne peut*

(1) *Loc. cit.*, p. 194.

(2) Art. 20 du cahier des charges, annexé au décret du 7 avril 1855.

été invoqué par les entrepreneurs de messageries et de
roulage, et autres intermédiaires de transport, à moins
que les articles de transport par eux envoyés ne soient
réunis en un seul colis. »

Quant au groupage *moral* ou *à découvert*, il a rencontré
un puissant défenseur dans M. Clamageran. — « Quant
au groupage moral, écrit-il, on peut dire qu'il est aussi
conforme au texte de l'art. 45. Il n'y a qu'un seul expéditeur, l'entrepreneur de transports ; un seul destinataire, son correspondant. Mais, dit-on, l'entrepreneur
de transports n'est pas un expéditeur, c'est un commissionnaire. La réponse est facile. Vis-à-vis du voiturier
(dans l'espèce, le chemin de fer), l'entrepreneur de
transports est un expéditeur. Ce qui le prouve bien
clairement, c'est l'art. 102 Cod. comm. « La lettre de
voiture est signée par l'expéditeur ou le commissionnaire. »
Ainsi, le commissionnaire peut taire au voiturier le nom
de l'expéditeur ; le voiturier n'a même pas d'action
directe contre l'expéditeur primitif, qui lui demeure
étranger. Il en est de même du destinataire. Le destinataire, ici, c'est le correspondant de l'entrepreneur de
transports. C'est à lui seul que la Compagnie de chemin
de fer peut et doit remettre les objets expédiés. Les
conditions de l'art. 45 se trouvent donc remplies ; il y
a unité de personnes au point d'arrivée comme au point
de départ. »

Nous devons cependant ajouter que le groupage à
découvert sera impossible, chaque fois qu'il se trouvera
dans le cahier des charges une disposition analogue à
celle que nous avons précédemment citée, extraite de

l'art. 20 du cahier des charges annexé au décret du 7 avril 1855 : *Le bénéfice de la disposition énoncée dans le paragraphe précédent ne peut être invoqué par les entrepreneurs de messageries et de roulage, et autres intermédiaires de transports, à moins que les articles de transport par eux envoyés ne soient réunis en un seul colis.*

101. Nous rencontrons encore un troisième tarif, dit *tarif différentiel* ; il n'existait pas dans les anciens cahiers des charges ; mais les Compagnies l'avaient elles-mêmes établi dès l'origine. Nous le trouvons dans les cahiers des charges approuvés par les lois et décrets de 1863.

Il y a des tarifs différentiels, soit à raison de la distance, c'est-à-dire qu'ils sont combinés d'après une base qui décroît à mesure qu'augmente la distance parcourue ; soit à raison du sens dans lequel le transport s'effectue : de Paris à Orléans, le prix sera différent de celui d'Orléans à Paris, parce que le commerce est plus considérable dans un sens que dans l'autre et, dès-lors, on évitera des retours à vide.

Il y a des tarifs différentiels, soit de *détournement*, soit en raison de la destination des marchandises.

102. Enfin, les *tarifs conditionnels* ou *tarifs spéciaux* fixent à un prix inférieur au prix ordinaire, les marchandises expédiées par des individus qui s'engagent à des expéditions suivies, journalières, à des chargements de wagons entiers. Tous les expéditeurs qui veulent se soumettre aux mêmes conditions, peuvent demander le bénéfice de ces tarifs conditionnels.

103. Mais, quels que soient les tarifs mis en vigueur par les Compagnies de chemins de fer, ils doivent, d'une

manière générale, être appliqués à tous les expéditeurs, tous doivent jouir de la même faveur, des mêmes réductions ; l'égalité dans l'application des tarifs est un principe d'intérêt général et d'ordre public. Par conséquent, si une Compagnie fait un traité de réduction au profit d'un ou de plusieurs expéditeurs, elle en doit la communication et le bénéfice à tous.

Ce point a soulevé des contestations sérieuses, dont nous retrouvons les traces dans une jurisprudence récente. On était en présence d'une disposition insérée dans tous les cahiers des charges, conçue en ces termes :
« La perception des taxes devra se faire par la compagnie, indistinctement et sans aucune faveur. Dans le cas où la Compagnie aurait accordé, à un ou plusieurs expéditeurs, une réduction sur l'un des prix portés au tarif, avant de le mettre en exécution, elle devra en donner connaissance à l'administration, et celle-ci aura le droit de déclarer la réduction, une fois consentie, obligatoire vis-à-vis de tous les expéditeurs, et applicable à tous les articles d'une même nature. La taxe, ainsi réduite, ne pourra, comme pour les autres réductions, être relevée avant le délai d'un an. »

Les expéditeurs prétendaient que les particuliers avaient un droit libre, absolu, de réclamer le bénéfice des traités de réduction, indépendamment de ce que l'administration pouvait faire, en vertu de la faculté qui lui appartenait.

Les Compagnies soutenaient que c'était à l'administration qu'il appartenait de décider si le traité de réduction consenti à un ou plusieurs expéditeurs, par la Compagnie, serait obligatoire pour tous ; que, si elle ne l'avait pas fait, le traité de faveur devait subsister avec sa restriction, au profit de ceux-là seulement à qui il avait été concédé.

Les prétentions des compagnies semblaient avoir triomphé à la suite d'un arrêt de cassation (1) du 28 décembre 1857 ; lorsque, en face de réclamations énergiques, le ministre des travaux publics prononça la suppression des tarifs particuliers, dans une circulaire du 26 septembre 1857, où nous lisons : « Je crois devoir vous prévenir que, par suite d'une mesure générale, il ne sera plus admis à l'administration, à dater du 1er janvier 1858, des traités particuliers portant réduction sur les tarifs approuvés. Je vous invite, en conséquence, à veiller à ce que les traités de cette nature, dont le bénéfice pourrait vous être réclamé, ne stipulent, en aucun cas, une durée excédant l'époque ci-dessus fixée. Quant aux traités aujourd'hui en vigueur sur votre réseau, j'ai décidé que, quel que soit le terme de leur échéance, ils cesseraient également de recevoir leur exécution à partir du 1er janvier prochain ; faute de quoi je déclarerai les réductions, depuis consenties par les traités, applicables à tous les expéditeurs, sans condition, usant, en cela, du droit que me confère votre cahier des charges, et dont je me suis réservé l'exercice, en vous accusant réception des traités que je viens de rappeler. »

Donc, à partir du 1er janvier 1858, les traités particuliers sur les tarifs sont devenus impossibles, et l'égalité, en matière le tarifs, a été rétablie.

101. Mais les traités déjà existants à cette époque, et

(1) D. P. 58, 18.

devant se prolonger au-delà du 1er janvier 1858, que
sont-ils devenus? La circulaire ministérielle donnait-elle
aux Compagnies le droit d'en demander la résiliation?
Il a été décidé par la Cour suprême (1) que l'arrêté ministériel qui rend l'exécution d'une convention moins avan-
tageuse et même dommageable, mais non impossible,
ne peut être considérée comme un cas de force majeure
emportant résolution de cette convention; qu'ainsi, le
traité par lequel une Compagnie de chemin de fer a concédé à un expéditeur des avantages même considérables,
doit être maintenu, bien qu'un arrêté postérieur du ministre des travaux publics portant interdiction, pour l'avenir, de semblables traités, ait déclaré que, pour les
traités déjà faits, le bénéfice devra être étendu, tant
qu'ils existeront, à tous autres expéditeurs ou entrepreneurs de transports.

II.

Transport des marchandises.

105. Peut-on exiger des Compagnies une lettre de
voiture? A cette question, il est facile de répondre en
transcrivant l'art. 50 de l'ordonnance de 1846, rappelé
dans un arrêté ministériel du 15 avril 1859; il porte:
« Au fur et à mesure que des colis, des bestiaux ou des
objets quelconques arriveront au chemin de fer, enregistrement en sera fait immédiatement avec mention du
prix total dû pour le transport; le transport s'effectuera

(1) 15 février 1853 (D. P. 59, 1, 355).

dans l'ordre des inscriptions, à moins de délais demandés ou consentis par l'expéditeur et qui seront mentionnés dans l'enregistrement. Un *récépissé* devra être
délivré à l'expéditeur, s'il le demande, sans préjudice,
s'il y a lieu, de la *lettre de voiture*. Le récépissé énoncera
la nature et le poids du colis, le prix total du transport et
le délai dans lequel ce transport devra être effectué. Les
registres mentionnés au présent article seront représentés
à toute réquisition des fonctionnaires et agents chargés
de veiller à l'exécution du présent règlement. »

Ces expressions, *s'il y a lieu*, quant à la lettre de voiture avaient fait naître des difficultés ; mais les nouveaux
cahiers des charges les ont levées en en remettant le
choix à la discrétion entière de l'expéditeur lui-même.

La *lettre de voiture* sert à constater le contrat intervenu entre l'expéditeur et la Compagnie, elle contiendra
les énonciations mentionnées dans l'art. 102, Code de
commerce, sans que, au reste, l'omission de quelques-
unes puisse en entraîner la nullité. Quant à la clause
d'indemnité pour cause de retard, devra-t-elle figurer
dans la lettre de voiture ? Il est difficile de l'admettre ;
on ne peut, en effet, fixer à l'avance le montant de
cette indemnité, car le consentement des parties n'est
pas libre : l'expéditeur est lié par le monopole de la
Compagnie, qui exclut tout autre mode de transport,
toute concurrence ; la Compagnie, de son côté, à raison
de sa situation privilégiée, n'a pas la faculté d'accepter
ou de refuser le transport. Il faut donc attendre que le
retard se soit produit, que les conséquences dommagea-
bles soient bien connues, bien déterminées pour pouvoir

s'entendre et s'accorder sur le dommages éprouvés, ou, à la rigueur, s'adresser aux tribunaux (1).

Le *récépissé* n'est soumis à aucune forme particulière, il portera les énonciations indiquées dans l'art. 50 de l'ordonnance de 1846, que nous avons ci-dessus transcrite.

100. Un arrêté ministériel du 15 avril 1859, qui rapporte les arrêtés antérieurs des 25 mai, 1er septembre 1856 et 5 février 1857, détermine :

1° *Le délai d'expédition.* — Il résulte de l'art. 2 de cet arrêté, que les animaux, denrées, marchandises et objets quelconques expédiés par la *grande vitesse* doivent être chargés sur le premier train de voyageurs comprenant des voitures de toutes classes et correspondant avec leur destination, pourvu qu'ils aient été présentés à l'enregistrement trois heures avant le départ de ce train ; faute de quoi, ils seront remis au train suivant.

Il résulte de l'art. 6 que ces mêmes objets expédiés par la *petite vitesse* doivent l'être dans le jour qui suivra celui de la remise. Toutefois, l'administration supérieure pourra étendre ce délai à deux jours.

2° *La durée du trajet.* — L'art. 2 du même arrêté statue que, sur une seule ligne, la durée du trajet par la *grande vitesse* est celle du parcours du train. Que si les objets passent d'une ligne sur une autre, sans solution de continuité, le délai de transmission sera de trois heures, à compter de l'arrivée du train qui les aura apportés au

(1) Conf. Civ. Cass., 27 janvier 1862 (D. P. 62, 1, 67). — Dijon, 8 et 19 décembre (D. P. 63, 2, 47).

point de jonction. Après ce délai, ils devront être expédiés par le premier train de voyageurs, comprenant des voitures de toutes classes.

L'art. 7 dispose que le *maximum* de la durée du trajet pour les objets expédiés par la petite vitesse sera fixé par l'administration, sur la proposition de la Compagnie; ce maximum ne pourra pas excéder 24 heures par fraction indivisible de 125 kilom. Mais l'administration paraît disposée à le porter à 200 kilom. (1).

En cas de transmission des objets d'une ligne sur une autre sans solution de continuité, il sera accordé un jour de délai pour cette transmission.

107. *Du Camionnage, — du Factage, — du Service des correspondances.* — Dans presque tous les cahiers des charges nous lisons : La Compagnie sera tenue de faire, soit par elle-même, soit par un intermédiaire dont elle répondra, le factage et le camionnage pour la remise au domicile des destinataires de toutes les marchandises qui lui sont confiées. Le factage et le camionnage ne seront pas obligatoires en dehors du rayon de l'octroi, non plus que pour les gares qui desserviraient soit une population agglomérée de moins de 5,000 habitants, soit un centre de population de 5,000 habitants situé à plus de 5 kilomètres de la gare du chemin de fer. Les tarifs à percevoir sont fixés par l'administration, sur la proposition de la Compagnie ; ils seront applicables à tout le monde sans distinction. Toutefois, les expéditeurs seront libres de faire eux-mêmes, et à leurs frais, le factage et le camionnage des marchandises.

(1) Lettre ministérielle du 1er février 1864.

Il résulte de ces dispositions que les Compagnies peuvent effectuer au domicile du destinataire la livraison des marchandises en colis et percevoir les prix fixés par les tarifs spéciaux de camionnage. Cependant, l'expéditeur peut soustraire les marchandises au camionnage des Compagnies, en ajoutant à la lettre de voiture ou à l'adresse du destinataire les mots : *bureau restant.* Si cette mention n'est pas faite, la Compagnie est en droit d'effectuer le camionnage, pourvu toutefois que le destinataire ne lui donne pas *avis contraire* (1).

108. Nous trouvons dans tous les cahiers des charges la disposition suivante : « à moins d'une autorisation spéciale de l'administration, il est interdit à la compagnie, conformément à l'art. 14 de la loi du 15 juillet 1845, de faire directement ou indirectement avec des entreprises de transport de voyageurs ou de marchandises par terre ou par eau, sous quelque dénomination ou forme que ce puisse être, des arrangements qui ne seraient pas consentis en faveur de toutes les entreprises desservant les mêmes voies de communication. L'administration prescrira les mesures à prendre pour assurer la plus complète égalité entre les diverses entreprises de transport dans leurs rapports avec le chemin de fer.

Ces dispositions établissent donc le principe d'égalité parfaite entre les services de correspondances. C'est encore là une protection contre les abus du monopole des Compagnies.

Remarquons que les Compagnies, peuvent sans autori-

(1) Montpellier, 1er juillet 1859, et sur pourvoi Civ. rej., 17 juillet 1861 (D. P. 61, 1, 319). — Riom, 18 juin 1860, et sur pourvoi, 17 juillet 1861 (D. P. 61, 1, 317).

12

sation de l'administration, concéder certains avantages à des entrepreneurs de transports, pourvu toutefois que ces avantages soient également concédés à tous les entrepreneurs se trouvant dans les mêmes conditions ; il faut donc que ces avantages soient communs à tous. Mais que faut-il entendre par-là. Entend-on que les conventions doivent être contemporaines? Faut-il que les entrepreneurs les acceptent? non, il suffit que la Compagnie offre à tous les mêmes avantages lorsqu'ils le demanderont.

Le principe d'égalité serait violé, si une Compagnie autorisait un entrepreneur de transport à pénétrer dans la gare exclusivement à toute autre, à l'heure où elle est fermée pour le public. Si elle accordait à un entrepreneur particulier l'entrée en gare de ses voitures en la refusant à d'autres, c'est ce que nous trouvons consacré par un arrêt du 11 mai 1843 (1) où nous lisons : « Attendu que la destination des chemins de fer et les expropriations forcées à l'aide desquelles ils sont établis les rendent une dépendance du domaine public, et indiquent que les parties qui en sont concessionnaires n'en ont l'administration que sous l'obligation de les faire servir à l'usage de tous, sans privilége pour personne ; qu'il est tout aussi certain que leur exploitation doit être strictement enfermée dans le parcours qui fait l'objet de la concession, et ne pas dépasser les points où la voie de fer commence et finit : qu'il suit de ces principes qu'il est interdit aux concessionnaires de rien faire de ce qui pourrait, en dehors de ces chemins, favoriser telle ou telle in-

(1) Arrêt rapporté dans le *Répert.* Dall., v° *Voirie, Chem. de fer*, n° 411.

dustrie au préjudice de telle autre; que c'est dans cet esprit qu'ont été faites nos lois sur la matière, et que, si celles promulguées depuis 1838 ont, par excès, interdit aux compagnies sous les peines qu'elles indiquent de faire directement ou indirectement (avec les entreprises de transport de voyageurs ou de marchandises, des arrangements qui ne seraient pas également consentis en faveur de toutes les autres compagnies ayant le même but, il ne s'ensuit pas que ces règles de justice ne fussent pas reconnues auparavant; qu'on doit, au contraire, les considérer comme implicitement comprises dans les lois de concession qui ont précédé et les appliquer, abstraction faite de la sanction pénale, à tous les cas semblables.

» Attendu en fait, que le privilége accordé aux concessionnaires des chemins de fer du Gard ne pourrait, sans abus, être étendu au-delà des points où ces chemins aboutissent; que, par conséquent, ces concessionnaires ne peuvent pas plus favoriser, par des avantages exclusifs, certains, des entreprises qui se chargent de conduire les voyageurs de ces points d'arrivée dans l'intérieur des villes qui les touchent, qu'ils ne pourraient favoriser des entreprises de transport sur les routes qui les suivent. »

« *Que par suite de l'obligation où ils sont d'assurer à tous les voyageurs, tant pour leurs personnes que pour leurs effets, un égal accès au débarcadère, ils sont tenus d'accorder les mêmes facilités pour l'abord à toutes les voitures qui amènent ces voyageurs ou qui viennent les prendre à leur arrivée.* »

Mais une restriction est apportée à cette liberté absolue par l'administration ; en effet, en vue de la sécurité publique, l'autorité administrative a le droit de réglementer l'entrée des voitures dans les gares de chemin de fer; elle peut même n'autoriser qu'un seul entrepreneur à faire entrer, stationner et circuler les voitures dans la cour de la gare (1).

Les mots du cahier des charges « desservant la même route » ont donné lieu à quelques difficultés. Voici une espèce citée par M. Clamageran (2) empruntée à un arrêt de la cour suprême du 18 juin 1851 : Bizouillet desservait la route de Port-Boulet (station du chemin de fer de Nantes) à Loudun. Amirault, qui lui fait concurrence obtint du chemin de fer des avantages particuliers. Bizouillet réclame l'application de l'art. 6 de la loi du 19 juillet 1845, relatif à l'égalité entre les services de correspondances. Amirault répond qu'il ne dessert pas la même route parce que les voyageurs vont jusqu'à Tours et que leurs bagages sont, jusqu'à cette ville, sous la garde de ses conducteurs. Le tribunal de Tours lui donne gain de cause ; mais le jugement fut cassé par la cour suprême ; à partir de la station, ce n'est pas l'entrepreneur qui dessert la route, c'est la compagnie; il faut donc faire abstraction de tout le trajet ultérieur.

108 (bis). Les compagnies ont, au reste, le droit d'établir elles-mêmes et pour leur compte personnel un service spécial de camionnage et d'omnibus, ce n'est pas là exercer un monopole qui puisse complètement paralyser toute concurrence. Les nombreux procès qu'elles ont eu à soutenir contre les entrepreneurs de transport démontrent le

(1) Crim. rej., 6 décembre 1862 (D. P. 63, 1, 596).
(2) Loc. cit., 203.

contraire. Au reste, n'y a-t-il pas avantage, pour le commerce, à supprimer les intermédiaires, et, par conséquent, à permettre aux compagnies de se charger elles seules de toutes les opérations et de toutes les difficultés du transport (1).

III.

COMPÉTENCE.

§ 1.

Compétence relative aux difficultés qui naissent à propos des tarifs.

109. Lorsqu'une contestation a pour objet l'interprétation de la loi de concession ou du tarif contenu au cahier des charges qui y est annexé (2), ce sont les tribunaux ordinaires qui sont compétents. Mais lorsque les modifications apportées à ces tarifs ont été homologuées par l'administration, c'est l'autorité administrative qui devient compétente, car il s'agit alors de l'interprétation d'un acte administratif; c'est ce que M. Duverdy (3) a parfaitement établi lorsqu'il nous dit : « Les tarifs des Compagnies de chemins de fer participent des actes

(1) Conf. Duverdy, *Traité du contr. de transport*, n° 235. — Clamageran, *loc. cit.*, p. 207.

(2) Le cahier des charges annexé à la loi, approuvé par l'autorité législative, a le caractère de loi.

(3) *Loc. cit.*, n° 106.

administratifs. En effet, les taxes qu'ils fixent, même dans les limites prévues par les cahiers des charges, ne peuvent être perçues qu'après avoir été homologuées par le préfet. Or, il est de principe que les actes administratifs ne peuvent être attaqués que devant l'autorité administrative elle-même. »

Ces règles ont été consacrées par la jurisprudence. Une réduction de prix avait été accordée par la Compagnie d'Orléans à certains expéditeurs de grains, de Paris à Orléans. Le tarif réduit avait été approuvé par décision ministérielle du 29 septembre 1853, et rendu exécutoire pour le département du Loiret, par un arrêté du préfet. Leclerc-Fleureau, recevant des grains d'Ivry à Orléans, se plaignit de ce que la Compagnie d'Orléans n'avait pas, à son égard, appliqué le tarif réduit. La Compagnie allégua, comme défense, que le taux avait été homologué par l'administration. C'est alors que sur l'appel formé par la Compagnie d'Orléans contre la décision du tribunal de commerce, qui l'avait condamnée à des dommages-intérêts, intervint un arrêt de la Cour d'Orléans qui, dans les quelques lignes que nous allons transcrire, pose les bases de la compétence, en pareille matière :
« Attendu qu'en vain Leclerc-Fleureau oppose, comme l'ont à tort déclaré les premiers juges, que le tarif serait abusif et illégal si les dispositions n'en étaient appliquées à tous indistinctement et sans faveur ; qu'il n'appartient pas à l'autorité judiciaire de rétracter ou modifier un tarif homologué par l'autorité compétente ; que s'il s'y rencontre des dispositions de nature à compromettre les intérêts du commerce et à rendre impossible, comme on l'a allégué, toute concurrence entre les commerçants

d'une ville et ceux d'une autre localité, c'est à l'administration supérieure, gardienne vigilante de ces droits,
que ces doléances doivent être adressées et non aux tribunaux ; qu'il suit de là que la Cour, se trouvant en
présence d'un tarif dûment homologué, fait pour les particuliers, ne saurait en étendre l'application générale
sans s'immiscer dans la connaissance d'actes administratifs, ce que la loi interdit formellement (1). »

Les mêmes principes avaient déjà été émis dans une décision ⟨ Conseil d'État, à la date du 21 avril 1853 (2) :
« Vu l'a ité de conflit..... Considérant que si l'autorité
judiciaire ⟨ compétente pour connaître des difficultés
qui s'élèvent ntre les Compagnies concessionnaires et
les redevables, sur l'application des tarifs, la quotité des
droits exigés ou la restitution des taxes indûment perçues, il ne s'agit pas, dans l'espèce, d'une contestation
de cette nature ; qu'au contraire, l'action intentée par
les sieurs Dupont, et ., entrepreneurs de voitures faisant le service de Pari à Courbevoie, Puteaux, Sures-
nes et Saint-Cloud..... Considérant, qu'aux termes des
articles 44 et suivants, de l'ordonnance royale du
16 novembre 1846, rendue en exécution de la loi du
15 juillet 1845, emportant èglement d'administration
publique sur la police, la sûreté et l'exploitation des
chemins de fer, c'est à l'administration qu'il appartient,
sur l'initiative des Compagnies, et après que le public a
été informé, par affiches, des cha gements demandés,
d'approuver, en vue de l'intérêt général, dans les limites

_____

(1) Orléans, 28 avril 1857. — Sirey, 57. 2. 431.
(2) Dalloz, *Répert.* v° Voirie par chem. de fer, n° 488.

du maximum autorisé par le cahier des charges, ou de rejeter les modifications proposées aux tarifs des perceptions ; et que, sous le prétexte d'un dommage prétendu causé par ces modifications à des intérêts privés, l'autorité judiciaire ne saurait, sans méconnaître les principes de la séparation des pouvoirs, s'immiscer, directement ou indirectement, dans l'appréciation d'actes de cette nature et y porter atteinte »

Tels sont les vrais principes qui doivent servir de base pour résoudre tout conflit qui pourrait s'élever entre la compétence administrative et la compétence des tribunaux ordinaires.

§ 2.

Compétence des tribunaux ordinaires quant au transport des marchandises.

110. Les Compagnies de chemins de fer entrant dans la catégorie des voituriers, comme nous avons eu l'occasion de le dire, sont soumises aux mêmes règles de compétence que ces derniers, quant au transport de marchandises. Donc, il est admis sans contestation, que toute action en responsabilité pour perte, avarie ou retard est de la compétence des tribunaux judiciaires. Mais une difficulté sérieuse surgit quand on veut déterminer devant lequel des tribunaux judiciaires sera portée la contestation; en effet, l'exploitation des chemins de fer constitue évidemment une entreprise commerciale (art. 632,

C. com.); dès lors, les Compagnies peuvent être soumises à la juridiction consulaire. Mais, voici que nous nous trouvons en présence de l'art. 2, § 3, de la loi du 25 mai 1838, qui statue que les juges de paix connaîtront des contestations entre les voyageurs et les voituriers ou bateliers, pour retard, frais de route et perte ou avaries d'effets, jusqu'à concurrence de 100 fr. en dernier ressort, et jusqu'à 1,500 fr. à charge d'appel.

Pour concilier ces deux documents législatifs, plusieurs systèmes se sont produits.

A) D'après un premier système, la loi du 25 mai 1838 déroge aux dispositions de l'art. 632, C. comm.; elle a créé une compétence particulière pour les cas spéciaux qu'elle prévoit, exclusive de celle des tribunaux de commerce, alors même que la contestation aurait un caractère commercial (1).

B) D'après un autre système, on prétend que quand la contestation a un caractère commercial, le tribunal de commerce seul est compétent, à l'exclusion des juges de paix. C'est ce qui semble résulter d'un arrêt de la Cour de Caen, à la date du 25 mars 1846, où nous lisons (2): « Considérant, sur le moyen d'incompétence, que la loi a jugé convenable d'attribuer à une juridiction particulière les tribunaux de commerce, la connaissance de toutes les affaires commerciales; que, par conséquent, aucune autre juridiction ne peut statuer sur les actions

(1) Limoges, 2 mai 1862 (D., P. 62. 2. 157) — Tribunal de commerce de Nantes, 17 juin 1863 (D., P. 64. 3. 24). — Paris, 20 juin 1865 (D., P. 65. 2. 117).

(2) D., P. 46. 4. 82.

de cette nature, à moins qu'il n'y ait, par une disposition formelle, une exception à la loi générale ; Considérant qu'il est impossible de trouver cette exception dans l'art. 2 de la loi du 11 mai 1838, etc...»

C) Enfin, un troisième système s'est produit, et c'est celui que nous croyons devoir adopter; il consiste à dire que toutes les fois que la contestation aura un caractère commercial, le demandeur pourra, à son choix, porter son action soit devant la juridiction consulaire, soit devant le juge de paix. Cette opinion est défendue par M. Bourbeau (1), qui la résume en ces termes : 1° le juge de paix a seul compétence dans les cas prévus par l'art. 2 de la loi du 25 mai 1838, lorsque la demande est formée contre le voyageur dont l'obligation n'a pas le caractère commercial ; 2° l'action peut être portée soit devant le juge de paix, soit devant le tribunal de commerce, lorsqu'elle est intentée par le voyageur qui, dans ses rapports avec le défendeur, n'a pas fait acte de commerce; 3° c'est au tribunal de commerce que doit être portée l'action lorsque le fait à l'occasion duquel elle est formée constitue entre les deux parties un acte commercial.

En effet, qu'est-ce qui s'oppose à cette solution? Ne voyons-nous pas dans une multitude de cas la compétence civile et la compétence commerciale coexister? Cela arrive, en effet, toutes les fois qu'un acte est commercial vis-à-vis de l'une des parties sans avoir ce même caractère vis-à-vis de l'autre. C'est là un principe bien certain. Eh bien! pourquoi ne l'admettrions-nous

(1) *De la justice de paix*, n° 118.

pas à propos de la compétence des juges de paix, pourquoi ne dirions-nous pas que les voituriers, les Compagnies de chemin fer ayant fait acte de commerce doivent être soumis à la juridiction consulaire, qui est leur tribunal naturel, mais que le demandeur qui, lui, n'a pas fait un acte de commerce, peut ou se soustraire à cette juridiction qu'on ne saurait lui imposer malgré lui, ou l'accepter. Avant la loi de 1838, dit M. Clamageran, le voyageur avait le choix entre le tribunal de commerce et le tribunal civil ; la loi de 1838 survient ; elle substitue dans une certaine limite les juges de paix au tribunal civil ; elle modifie l'un des termes de l'alternative, mais l'autre subsiste. Le voiturier a fait acte de commerce et s'est soumis par cela même à la juridiction consulaire ; lui permettre de s'y soustraire ce serait bouleverser toute l'économie des lois qui règlent cette juridiction. D'ailleurs, comment trouver dans les termes, ou dans l'esprit de la loi de 1838, une dénégation quelconque à la compétence commerciale ? Cette dérogation fut proposée à la Chambre des Pairs, mais rejetée après un discours de M. Portalis : « Ce n'est pas, disait-il, contre l'extension de la compétence que je m'élève, c'est contre le changement de la nature de la juridiction. Dans l'état actuel des choses, c'est le tribunal de commerce qui juge en dernier ressort toutes les affaires commerciales jusqu'à 1,000 fr. Ces affaires ne subissent qu'un degré de juridiction. Or, qu'arrivera-t-il dans les affaires où il s'agit d'une valeur au-dessus de 100 fr. et au-dessous de 1,000 fr.? On les portera d'abord devant le juge de paix, et ensuite elles seront soumises au second degré de juridiction. De plus, les tribunaux de commerce deviendront des tribunaux d'appel; chose pour laquelle ils ne sont pas institués. C'est, il me semble, dénaturer l'institution toute spéciale de la juridiction commerciale. »

112. Lorsque le demandeur a choisi la juridiction ordinaire, devant quel tribunal doit-il porter son action ? L'art. 59, C. de Proc., statue que le défendeur doit être assigné, en matière de société, devant le juge du lieu où elle est établie, et l'art. 69 - 6° ajoute : les sociétés de commerce tant qu'elles existent, sont assignées en leur maison sociale. Mais, toutes les compagnies de chemins de fer ont pris Paris pour leur siége social. Faudra-t-il donc toujours intenter l'action devant le tribunal de la Seine ? Généralement les arrêts l'admettent , mais on a cherché à diminuer les inconvénients d'une pareille situation pour le demandeur; on a admis, en effet, que la Compagnie peut être assignée ailleurs qu'au siége social, lorsqu'elle a donné mandat à un agent spécial de recevoir assignation (1). On a jugé que, si la Compagnie n'a pas au siége social son domicile réel, c'est-à-dire le centre de son industrie et de ses relations avec le public, ce n'est pas au siége social que l'assignation doit être donnée, mais au lieu où est situé son principal établissement (2). On a jugé encore qu'une Compagnie de chemin de fer peut avoir un principal établissement dans un lieu autre que celui où son siége a été fixé par les statuts et les décrets impériaux qui l'ont constituée ; que dès lors, elle est régulièrement assignée au lieu de ce

(1) *Req.*, 2 décembre 1857 (D., P. 58. 1. 500).
(2) Bordeaux, 11 août 1857 (D., P. 58. 2. 60).

principal établissement, à raison des contrats qui ont été formés, et que l'existence d'un tel établissement a pu valablement être fixée à la gare du chemin de fer dans laquelle la Compagnie a le centre d'opérations dont l'importance est de nature à donner à cette gare le caractère d'une véritable maison de transport. Spécialement, la Compagnie des chemins de fer de l'Est a pu être régulièrement assignée devant le tribunal de Mulhouse, en la personne du chef de gare de cette ville (1).

On a jugé, enfin, que les Compagnies de chemins de fer peuvent être assignées non seulement devant le juge du lieu où elles ont leur principal établissement, mais aussi devant le juge du lieu où elles ont des succursales(2). Mais la jurisprudence est en désaccord sur le sens à donner au mot *succursale*.

113. Si le demandeur a choisi la juridiction consulaire, quel est le tribunal de commerce compétent? Ce sera d'abord le tribunal du domicile du défendeur, cela résulte évidemment du premier alinéa de l'art. 420 C. de proc. Mais nous lisons dans ce même article: le demandeur pourra assigner à son choix devant le tribunal de commerce dans l'arrondissement duquel la promesse a été faite et la marchandise livrée; devant celui dans l'arrondissement duquel le paiement devait être effectué.

On a admis avec juste raison, croyons-nous, que cet article s'applique, non seulement aux actions nées

(1) *Req.* 50 juin 1860 (D., P. 58. 1. 454). En outre, Civ. rej. 16 janvier 1861 (D., P. 61. 1. 126). — Colmar, 11 juin 1862 (D., P. 63. 2. 121). — Toulouse, 6 août 1860 (62. 2. 34). Civ. rej., 7 mai 1862 (D., P. 62. 1. 230).

(2) Paris, 12 mars 1858 (D., P. 58. 2. 151).

d'achats et ventes de marchandises, mais de toutes conventions commerciales ayant pour objet des marchandises, c'est-à-dire un objet quelconque de trafic et de spéculation (1).

114. Disons donc en appliquant l'art. 420 C. de proc. que la compagnie défenderesse peut être assignée : 1° Devant le tribunal de commerce dans l'arrondissement duquel se trouve la station de départ ou d'expédition, car c'est bien le lieu de la promesse et de la livraison (2); 2° devant celui dans l'arrondissement duquel se trouve la station d'arrivée, c'est bien là, en effet, le lieu d'exécution, le lieu du paiement (3).

(1) *Req.* 13 mai 1857 (D., P. 57. 1. 593). — Metz, 27 février 1857 (D., P. 58, 1. 83). — *Contrà*, Bastia, 15 janv. 1855.

(2) Bourges, 26 avril 1854 (D., P. 55. 2. 75). — *Req.*, 29 avril 1856 (D., P. 56. 1. 290).

(3) Angers, 29 juillet 1853 (D., P. 54. 2. 198).

POSITIONS.

Droit romain

I. Lorsque plusieurs débiteurs sont unis par les liens de la corréalité, si l'un d'eux paie, il a un recours contre les autres corrés.

II. L'obligation naturelle peut se prescrire.

III. Lesservitudes *altius tollendi* et *stillicidii recipiendi* ne peuvent être expliquées que par la paraphrase de Théophile, entendue en ce sens qu'il s'agit d'une dérogation à h *vetus forma*.

Ancien droit français.

I. C'est à titre de créancière et non de propriétaire que la femme exerçait ses reprises sur les biens de la communauté.

II. La communauté ne tire pas son origine de la société taisible entre gens de *poole*.

Code civil.

I. Dans les donations entre-vifs, comme dans les testaments, la condition de renoncer à une succession, lorsqu'elle s'ouvrira, doit être regardée comme illicite.

II. L'article 909 ne saurait être écarté, parce que le médecin aurait été un ami du malade. La qualité d'ami est impuissante à effacer celle de médecin.

III. Est nul comme acte authentique, et dès lors ne peut avoir aucun effet à ce titre, le compromis désignant pour arbitres les notaires qui ont reçu l'acte, avec pouvoir de statuer comme amiables compositeurs, alors surtout qu'il s'agit d'un arbitrage salarié.

IV. La part héréditaire de l'enfant naturel, dans la succession de son père, se détermine d'après l'état de la famille légitime au moment du décès. Si donc, le père laisse des frères ou sœurs, cette part ne peut excéder la moitié de la succession, bien que les frères ou sœurs soient exclus par l'institution du légataire universel.

Code de procédure civile.

I. La réintégrande, pour être exercée, n'exige pas, comme la complainte, la possession d'an et jour.

II. Le défendeur peut invoquer l'exception de litispendance dans toute la durée de l'instance.

Droit criminel.

I. Le préfet de police et les préfets dans les départements n'ont pas le droit de saisir, dans les bureaux de la poste, les lettres qui y sont déposées.

II. Le décès du mari n'éteint pas la poursuite en adultère, dirigée sur sa plainte contre sa femme.

Droit commercial.

I. Dans le cas d'assurance maritime, on peut assurer la vie de l'homme.

II. Le privilége introduit dans l'art. 308 du Code de commerce, au profit du capitaine du navire, pour le paiement de son fret et des avaries, n'est pas un privilége général.

Droit administratif.

I. Le ministre constitue le tribunal administratif ordinaire.

II. C'est au Conseil municipal et non au maire qu'il appartient de fixer le ban des vendanges.

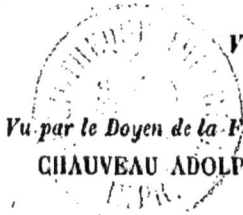

Vu par le président de la thèse,
DUFOUR.

Vu par le Doyen de la Faculté,
CHAUVEAU ADOLPHE.

Vu et permis d'imprimer,
Le Recteur,
ROUSTAN.

TABLE.

Droit Romain.

Toulouse, impr. de BONNAL et GIBRAC, rue St-Rome, 44.

www.ingramcontent.com/pod-product-compliance
Lightning Source LLC
Chambersburg PA
CBHW060555210326
41519CB00014B/3473